短歌で読む哲学史

山口拓夢

田畑書店

短歌で読む哲学史―目次

はじめに

短歌で読む哲学史？　何だ、それ、と思う方も多いでしょう。でも実際短歌に作ってみると、短歌と哲学は意外と相性が良いのです。哲学の学説は難しく思えるでしょう。けれども一行か二行の短歌でまとめてゆくと、不思議なほど頭に溶け込みやすく要約することができるのです。学説を自分の頭で理解できるくらいまでかみ砕いて短歌でまとめるのです。短歌は短い詩ですから、簡潔で単刀直入で、ものごとを言い当てることに適しています。

哲学の歴史とは一体何でしょう。答えは人それぞれです。私が考えるには、世界の核心を言い当てようとする意志によって貫かれた、言葉の積み重ねの歴史です。世界はどうも人間にはとらえどころがなく、混沌としていて、見晴らしの利かないものに一見思えます。その混沌の深い闇を抜けて、世界のことわりを見つけたい、この世界のことわりを明るみに出して、見晴らしの良いところへ出たいという願いが生まれます。

タレスが「万物のもとは水である」と言って西洋哲学の第一歩を踏み出したとき、確かに働いていたのは、世界のことわりを明るみに出したいという思いでした。

本来あるべき哲学史をハイデガーは存在の歴史と言い、ヘーゲルは絶対精神の自己展開と言いました。それぞれ、言葉は難しいですが、隠れている真相が明るみに出ることを言おうとしています。

古代ギリシア哲学は、ソクラテス以前とソクラテス以降に分けて理解されます。ソクラテス以前は世界を成り立たせている要素は何かとか、世界を成り立たせている原理はどのようなものかを考える、自然の洞察に主眼が置かれていました。

ソクラテスはもっと人間の生き方にかかわる、善とは何か、徳とは何か、正義とは何かといったことに注目して、若者をつかまえてところ構わず議論しました。

続くプラトンは善そのもの、徳そのもの、美そのものなどのモデルがどこかにあって、そのため千差万別の善いもの、徳のある行い、美しいものを見てすぐそれとわかるのだと考えました。そこでプラトンは、本格的な形而上学《けいじじょうがく》の扉を開いた者として、ときに認められ、ときに否定されています。

プラトンと彼に続くアリストテレスがギリシア哲学の二大巨星となって、中世神学で繰り返し問題とされ、関心の的となりました。キリスト教の時代に入って、神は必ず居るということの証明が課題となり、信仰の正当性や聖書の裏づけが必要になったとき、プラトンとアリストテレスがそのたたき台となり、考え方の基礎として用いられました。

また、キリスト教神学では、瞑想の大切さ、精神の深いところへ潜り込んで神と対話する伝統というものが教父哲学以来、脈々と受け継がれてきました。

ディオニュシウス・アレオパギタからクレルヴォーの聖ベルナルドゥス、マイスター・エックハルトへと瞑想の神秘思想が息づいてゆきます。

そのような非常に奥の深いキリスト教神学の流れを経て、ルネッサンス哲学はプラトン主義をそのまま蘇らせて、キリスト教の教義と融合させようとしました。プラトン、アリストテレスを遠まわしに参考にするのではなく、ダイレクトに読み直して神学世界をはみ出すようないわゆる「文芸復興」を試みました。

その熱狂から覚めた近世哲学は、ロック、バークリ、ヒュームらの人間の経験を基礎に認識の土台を作り直そうというイギリス、アイルランドの経験論と、人間の理性に立ち返って諸学の基礎を整えようとするデカルト、スピノザ、ライプニッツの大陸合理論の二大哲学がまず中心となりました。

その後啓蒙主義的な時代になり、カントによる理性の能力の洗い直し、ヘーゲルのように神の絶対精神が歴史にあらわれ出るという考えの一方、観念論はもうやめて、世界を内面的な個人の生き方の問題として考え抜こうという、のちの実存主義にも大きな影響を与えたキルケゴール、ショーペンハウアー、ニーチェの生の哲学が台頭します。

こういう流れを受けて、二〇世紀哲学では精緻な論理哲学や意識に物事が現れる瞬間を先入観なく記述しようという現象学が生まれ、そこからハイデガーやヤスパースやサルトルの実存主義や存在論が展開され、言語学から構造主義が生まれ、その継承と乗り越えとしての構造主義以降の思想が迸《ほとばし》り出ます。このような胸躍る思想のドラマには先に何かを言い当てた人の学説があって、それを踏まえたうえでそれではどう言おうかと各自が思いを巡らせ、これぞと思う学説を新たに出してゆきます。この思想の流れを読者のみなさんにぜひ実感して頂きたいのです。

学生時代、デカルトやスピノザを中心に、毎年一年掛けて、「意識について」などテーマ別の学識深い講義を聞いて、最初は判らないことも多かったのですが、ジョージ・バークリの「エッセ・エスト・ペルキピ（有るということは知覚をされること）」などの哲学史のキーワードが心の扉を幾度となく叩いて、ギリシア語、ラテン語を学ぶと奥深い世界が待っているぞということがおぼろげながら次第にわかってきました。

そうやって西洋哲学を学んだあと、エウリピデスのギリシア悲劇に触れて、だいぶ遠回りをして学問的な道を歩くことになりました。私自身も哲学を教えたりしながら、長いあいだディオニュソス教の研究に取り組んできました。ディオニュソス教の生の陶酔の宗教を探ることで、人間の奥深いところのルーツに触れたかったのです。その間も哲学への思いは消えることはありませんでした。

哲学の学説は難しく、独特の近寄りがたさがあります。その近寄りがたい哲学を真摯に読んでゆくと、あるとき、これなら自分でも分かる、と思える瞬間が訪れます。

ロジックに疎い私が、哲学史に一貫して流れている、この世界のことわりを明るみに出したいという願いと心を通わせる瞬間を求めて学んできた哲学史の楽しさを、ぜひ読者のみなさんに味わってもらいたいと思うので、巻末に参考文献を挙げました。本書を読んで関心を持った哲学者がいたら、参考文献に直に接して頂きたいものです。

私はユング心理学が好きでよく読むのですが、ユングは「人生も半ばを過ぎると、若い頃置き去りにして来た要素が無意識から顔を出して、意識の一面性を補償する」と言います。仕事一筋だった人がふたたび絵を描き始めたり、詩を書き始めたりするのです。

短歌で言えば「無意識が一面性を補って呼びかけてくるより深くなれ」というわけです。私の場合も、若い頃置き去りにした短歌が哲学史と結びついて、職業的な学究一辺倒に偏りがちな傾向を補償しているように感じています。

ユングには心のなかに無意識的な元型があるという考えがあって、そのなかに老賢者の元型というのがあります。ギリシア語、ラテン語を背景とする深みのある西洋哲学をどこまでも追い続ける老賢者の元型が、西洋哲学で言えば、乳と蜜の流れる博士・クレルヴォーの聖ベルナルドゥスのようなイメージが、限りない憧れを呼び起こし、読書の旅へと誘うのです。その道行きの一端がこの『短歌で読む哲学史』です。

短歌で学説がまとめられていて、哲学者の言いたいことの要点を追って、古代ギリシア哲学から現代思想まで読み進められるように書いています。短歌を手がかりに読者のみなさんが哲学史の旅を楽しんで頂けたら幸いです。

万物にある共通のみなもとの正体探り哲学始まる

「万物のもとは水である」とイオニアのミレトスのタレスは言いました。それが西洋の哲学の始まりだと言われています。万物のもとが水とは、突飛な迷言に聞こえますね。なぜ、タレスの一声が哲学の産声となったのでしょう。それは万物というありとあらゆるもの、森羅万象をひとくくりにしたこと、それらには共通のエレメントがあると見抜いたことが、世界を洞察する学問としての哲学の基礎と考えられたのです。なぜ、水なのか、他のものではだめなのかと疑問に思いますね。水は命を育むものだ

Thalēs
タレス（前585頃活躍）

からとか、水なしには生きていけないから、とか形が自在に変わる中立的なものだからとかいろいろ説明されますが、タレス以降の人々も、森羅万象のエレメントをあれこれ想像してみました。

万物のもとは水だと言うけれど無限定ではなぜいけないか

タレスの後のアナクシマンドロスは「万物のもとは無限定なものである」と主張しました。

全てのもののもとであるなら、はじめは性質が限定されていないものに違いない、水ではまだ不十分だ、正確には無限定なもの（ト・アペイロン）でなくては説明ができないと言い出したのです。全てがそこに帰って行き、そこから生まれてくるものは運動しているうちに暖められて火になり、冷たい状態では空気や水や土になる。無限定なものは自ら運動する活力のあるものですから、これはうごめくモノが生きている、と考える、すなわち物活論の一種です。

万物はすべて不正を償ってそのみなもとへと帰り消えゆく

「全てのものは、もとのものへと必然の定めによって消滅してゆく」ここまでは何とか分かりそうです。けれども「万物はその犯した不正のゆえに、秩序に従って、罰を受けるのだから」とアナクシマンドロスは言っています。何やら宗教的であり、法の起源みたいな話です。いろんな方向に広がってゆく話です。すべてのものがもとのも

「万物のもとは水である」

Anaximandros
アナクシマンドロス
（前*610*頃－*546*／*5*頃）

「万物のもとは無限定なものである」

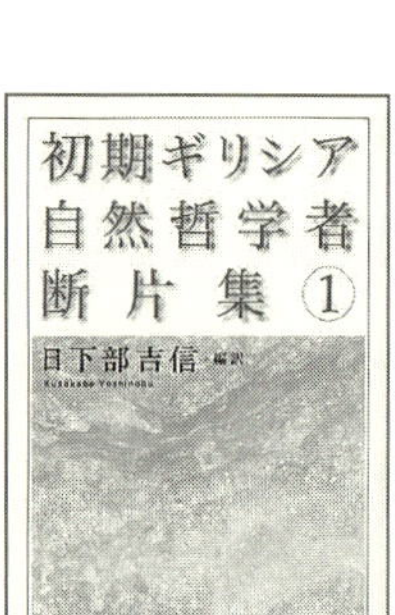

ちくま学芸文庫

のへと帰って行くのは不正の償いなのだというこの言葉は、自然学と倫理学や諸学が未分化のまま説明原理として出されている、と言えるでしょう。

万物のもとは命の息であり空気であると言おう私は

アナクシメネスはもとのものは空気であると考えました。これは古代ギリシアでは自然な考えです。ギリシア語の魂、プシュケは気息と繋《つな》がる言葉です。息をすることで人は生きている、最後の息を吐くと人は死ぬ、ということで魂は息と考えられました。それで万物のもとは息であり、空気であると考えられました。空気は魂であり世界も人間もこの魂により生かされているというのです。空気が薄くなると火になり、濃くなると水になり、土になると考えられました。魂信仰と自然学が結びついて提示されています。これも物活論です。

Anaximenēs
アナクシメネス(前546頃活躍)
「万物のもとは空気である」

天空は調べを奏でその謎は数字の中に込められている

ピュタゴラスは伝説の詩人オルフェウスの秘教の伝統を受け継いで、生き物は死後、生まれ変わるという輪廻《りんね》転生《てんしょう》を信じていました。

彼は宇宙の調和と秩序の根源は数であると説きました。

またピュタゴラスは最初に混沌があったと言います。けれども、この混沌は、有限と無限に分離して、無限に有限が限定を加えて、一者が生まれたと説きました。

Pythagoras
ピュタゴラス(前532頃最盛)

この一者から奇数・偶数の原理で基本の数1、2、3、4が生まれました。それぞれが、点、線、平面、立体を表しているとピュタゴラスは説きました。1、2、3、4を足すと10であり、1、2、3、4の点の各列を縦に並べると正三角形（テトラクトュス）となります。それゆえ10は神聖な数字と考えられました。

ピュタゴラスは和音が楽器の弦の長さの数学的な比率で説明されることに注目し、宇宙は天空の音楽を奏でていて、数学を学ぶことで宇宙の神秘に触れることができると考えました。ピュタゴラスは書物を残しませんでしたが、ピュタゴラス学派の数学を『幾何学原本』としてまとめたのがユークリッド（前三〇〇年）の幾何学でした。

ピュタゴラスは菜食主義で厳しい戒律を守り、よりよい転生を望む、ピュタゴラス教団を作りました。独特の信仰を持ち、経験を越えた数で世界を捉え、一者の存在を説くピュタゴラスの教えは哲学としても宗教としても、後世に影響を与えました。

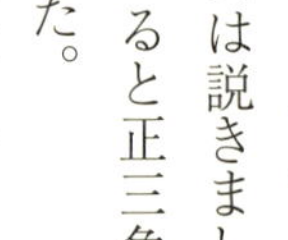

ユークリッド『幾何学原本』

流転する万物は燃える火であってこの火は永遠のロゴスそのもの

わかりづらい思想とお告げのような断片を残したため、暗い人というあだ名を持つのが、エフェソスのヘラクレイトスです。

万物は流転する（パンタ・レイ）と説き、万物の本体は永遠に生き続けるロゴス（理法）の火そのものだと言います。

火の一部が優勢になったり、劣勢になったりすることで、万物は流転します。それゆえ万物の成り行きを支える原理は闘争であるとヘラクレイトスは考えます。

Hērakleitos
ヘラクレイトス（前500頃活躍）

「万物は流転する」

この世界は対立するものの戦いで成り立っていますが、その実相は永遠に生きる火であり、対立物の正体は同じものであり、全体としては調和しているとヘラクレイトスは考えました。

Parmenidēs
パルメニデス(前515頃-前450頃)

「有るものしかありえない」

この世にはただ有るとしか言い得ない永遠不変の一者だけ有る

エレア学派のパルメニデスは、この世界には有るものしかありえないと説きました。パルメニデスによれば、世界には永遠不変の一者である存在より他のものはありえず、滅びるものとか不在のものは有るとは言えないのです。移り行くこの世界は迷妄かまぼろしのようなものに過ぎないと彼は考えました。

一者である存在は不生不滅であり、常に全体として今有るのです。この存在はなぜか球体であるといいます。これはおそらく完全なもののギリシア的イメージです。

完全な一者のみが存在するというパルメニデスのがちがちの形而上学は、プラトンやのちの神学者に非常に大きな影響を与えました。

自らは不死身と言ってエトナ山火口に焼かれ消えた哲人
万物は地水火風が愛によりみな結びつきできているはず

万物は地水火風の四元素ないし四根で説明できると言ったのがシチリア島のアクラガスの人、エンペドクレスです。びっくりする話ですが、彼は自分が神であり不死身であるということを証明するためにエトナ火山の火口に身を投げて最期を迎えたと言われています。彼は『自然について』『浄めの歌（カタルモイ）』という二つの詩を書きました（断片のみ現存）。

『自然について』――万物は地水火風の四元素から成立していると彼は説き、この四元素は愛と憎しみによって離合集散すると言いました。

四元素こそパルメニデスの説く不変不滅の存在の正体であり、パルメニデスがまぼろしに過ぎないと言う、移り行くこの世は四元素の離合集散する姿であるとエンペドクレスは考えました。

さらにエンペドクレスは、世界が永劫《えいごう》回帰すると説きました。

①愛が支配して四元素が完全に結合して完全な球となっている時期がまずあって、
②憎しみが混入し、四元素が離合集散する時期が続き、
③憎しみが支配し四元素が分離して同じ元素どうしが凝り固まっている時期が訪れ、
④愛の支配が回復して完全な球を作るため四元素が離合集散を始める時期が来ます。

この四つの時期が繰り返し巡り来ると説きました。

『浄めの歌』――神々の座にいた自分という魂が、憎しみの罪を犯したゆえに追放されて、一万年の間宇宙を輪廻転生していることをこの歌で詩人は嘆きます。この漂泊の魂は、愛の支配する神々の集う故郷を思い出し、予言者や医者を経て最後は神へと帰ります。罪を浄《きよ》められ神として故郷に帰ると詩人は宣言します。

エンペドクレスは伝説の詩人オルフェウスの宗教やピュタゴラスの教義の影響を受けていたと言われます。神々のところにいた魂が故郷を追われ宇宙をさ迷うという考

Empedoklēs
エンペドクレス（前493頃－前433頃）

『自然について』

「万物は四元素で説明できる」

『浄めの歌』

えは、後のグノーシス派の教義に共通するところがあります。人間の本体は聖なるもので、もとは神の座にいて、その後、神の座を追われもともとの自分とはかけ離れた宇宙の孤児として失楽園の状態を耐えているという考えは、ある種の神秘主義と言え、遠くオルフェウス教やピュタゴラス派に根を持つ考えです。エンペドクレスは単なる哲学者とは異なる神人的な要素が強く、興味深い人物です。

一粒の種のなかには万物の性質がみな備わっている

Anaxagoras
アナクサゴラス(前500頃–前428頃)

「万物のもとは種である」

次のアナクサゴラスは、万物のもとは種（スペルマタ）である、と説きました。この種は無限に小さく分割できるものです。アナクサゴラスはパンが骨になったり血になったりするのはパンの中にすでに骨や血の性質が隠れているからだと考えました。それゆえ、万物を作る種の中には、万物の性質が備わっていると言いました。全てのもののなかには、全てが含まれるという言葉をアナクサゴラスは残しました。あたかもミクロコスモス（小宇宙）とマクロコスモス（大宇宙）の関わりのようですね。彼は雪もまた黒い、と言いました。白く見える雪も種を覗《のぞ》けば、黒くなる性質が備わっているのです。万物のもとは種ですが、この種は原初、一つに固まっていて運動していませんでした。この凝り固まった種のかたまりに運動を与えたのが、理性（ヌース）であるとアナクサゴラスは言います。万物のうち、理性を持つものを生き物、理性を持たないものを無生物と区別したのも彼です。理性は全てを知り、一切を秩序づけると彼は言います。けれども彼の言う理性は万物の種の運動の発端というきわめて限られた意味で説明されるのみであります。

この世とは分割できない様々な原子の粒と空虚から成る

レウキッポスとデモクリトスという初期原子論者たちがいます。彼らは、万物は原子から成っていると説明しました。原子が運動する空間としての空虚があるはずだとも考えました。原子は不可分で、必然により運動しています。

大小それぞれの原子が運動し合い、ぶつかり合うことで多様な世界ができています。彼らは魂もまた原子であると言っています。また、感覚も原子で説明されます。原子でできた物の幻像（エイドーラ）が眼に入ってものが見えると説きました。

彼らは宇宙のはじまりも原子の運動で説明しました。散らばった原子の渦巻き運動で軽いものが遠くに飛ばされ星や太陽になり、重いものが残って大地を形成したと言います。

快楽主義とされるエピクロスもレウキッポスとデモクリトスを受け継ぐ原子論者でした。彼らにとって良い状態とは明朗快活な状態であり、不必要に惑わされない状態でした。

エピクロスは原子の説明として極微小なものという言葉を用いました。大きさがある以上また分割可能ではないかという批判にこたえようとしたのです。

それからエピクロスは原子が重みによって落下すると言い、その際原子の運動の偶発的な「傾き」があるから原子どうしがぶつかり合い、作用しあうのだと説きました。

Leukippos
レウキッポス（生没年不詳）
Demokritos
デモクリトス（前*460*頃－前*370*頃）

「万物は原子からなっている」

この原子の運動の偶発的な傾き（パレンクリシス）は、心の自由意志を説明するのに役立ちました。

全ての原子が必然によって運動するなら自由意志の入り込む余地がないというので、偶発的な傾きが導入されたのです。

何人も神については知り得ない神は遠くて人生は短い
物事を計る真理は見当たらず人が全てのものの尺度だ

次にソフィスト（知者）を職業とした人たちを見てみましょう。プロタゴラスはアブデラの人で、徳の教師を自称した初めての有名なソフィストでした。プロタゴラスはその著『神々について』（断片のみ現存）でこう言っています。「神々については存在するとも、存在しないとも、またその姿がどのようであるかも、私は知ることができない。なぜなら、それを知ることを妨げるものが多いから。すなわちそれは見ることができないのみならず、人間の命も短いから。」この言葉はたいへん正直で率直で真っ当でありますが、当時の国の宗教を信仰していた人々から反発を買い、死刑判決を受けて脱獄し、逃亡の途中で命を落としました。

また「人間は万物の尺度である。あるものについてはあるということの、ないものについてはないということの。」という命題でプロタゴラスは有名です。このことで物事の判断に客観的な真理や基準は存在しないと主張したのです。彼はプラトンの『プロタゴラス』篇では物語の上手い常識人として割合好意的に描かれています。

Prōtagoras
プロタゴラス（前490頃–前420頃）

『神々について』

「人間は万物の尺度である」

プロタゴラスの学説は神については不可知論、認識については相対主義だと言われています。

何もなく在っても知れず知られても伝えきれない人間の定め

また、シチリア島のレオンティノイの人ゴルギアスも弁論巧みなソフィストでした。彼の残した言葉は、①何物も存在せず、②在っても知られ得ず、③知られても人には伝え得ない、という命題でした。①何物も存在せず、というのはエレア学派を念頭に置いた言葉でした。人間の分かる範囲から離れた永遠不動の存在は在り得ないというのです。いつの世もどこまでも無際限に場所を占めて完璧に在るというのは不可能だ、というのです。②在っても知られ得ず、というのは知るのは在ることの属性でなくてはいけないが、実際には人は空想の動物も知っているのであり、在り得ないことでさえ知っているのであり、知るは在るに属さないと彼は言います。③知られても人には伝え得ない、というのは言葉がものの本性（ピュシス）の模写であるならば、一方で言葉は習慣的（ノモス）であるから人には理解されないという意味です。色を決められた音で表しても、形を決められた音で表しても他人には伝わらないと言いたいようです。このようにゴルギアスはニヒリズム（虚無主義）と言えるような、徹底的な懐疑論を推し進めた人です。

Gorgias
ゴルギアス（前483頃–前376頃）

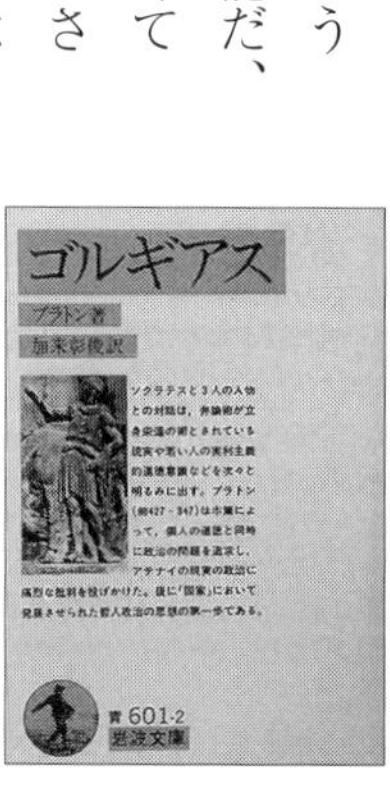

岩波文庫

人間に役立つものが神であるパンがデメテル酒はバッコス

ケオス島イウリスの人プロディコスは、神々として信じられているものは、それから利益が得られるために人々がそうするに至ったと言いました。具体的には、人はパンを穀物神デメテルとし、葡萄酒を酒神バッコス（ディオニュソス）とし、水を海の神ポセイドンとし、火を鍛冶屋の神ヘパイストスとして、その有益さゆえに神々として信じていると言いました。

ここには、伝統的な神々の信仰への疑いや皮肉が込められています。

ソフィストたちの人間中心の価値観やものごとの判断の相対主義、神々への冷めた意識は、神々の定めた運命からは逃れられないと考えていた古代ギリシア人には新鮮で、一種の解放感や自由を感じさせるものだっただろうと思われます。ただ、言い方の工夫ひとつで相手を説得する技術が幅を利かせたことは評価が分かれるところだと思います。

Prodikos
プロディコス（ソクラテスの同時代人）

ソフィスト

この男自分が無知と知っているその一点で他よりも賢い
善は何？徳とは何で勇気とは？ところ構わず話す獅子鼻
青年を論理矛盾に追い込んで無知に気づかせ恥をかかせる

アテナイの広場で青年をつかまえて、善とは何か徳とは何か勇気とは何かなどを盛んに議論するソクラテスは異彩を放っていました。鼻は獅子《しし》鼻、ギョロ目で頭は禿《は》げ、

Sōkratēs
ソクラテス（前470/469–前399）

太鼓腹で裸足のソクラテスは青少年と議論するのが大好きです。そんなソクラテスの鋭い論戦のようすと、熱心な話しぶりにアテナイの若者は心を奪われました。彼は、ソクラテスより賢い者は居ないというデルフォイの神託を若者カイレフォンを通して受け、そんなはずはないだろうと国中を議論して回り、有名な政治家と詩人と工芸家たちを相手に自分より賢い人を探して歩きました。けれども、議論で問い詰めてゆくと、誰も知識を持ち合わせていないことが明らかになるばかりでした。みな、自分がほんとうの知識を持ち合わせていないことに気づいていない、私だけは、自分が無知であることを知っているとソクラテスは考えました。その一点でアポロンのお告げは自分を他より賢いと述べたに違いないと考えました。これがソクラテスの無知の知です。

無知の知

ソクラテスは対話者に自分は何も知らないから教えてくれと言って、果たして善とは何だろうかと問い、相手が借りたものを返すことですと言うと、借りた恨みを返すことも善だろうかと問い掛けます。このようにソクラテスは仮の定義を受け入れて話を進めてゆき、その定義が不完全であることに気づかせ、相手の無知を気づかせます。これをソクラテスのエイローネイア（皮肉なやり方）と言います。

こうやって次々に仮の定義を立ててはその不備を露呈させ、より本物に近い定義を求めて対話を続けます。このようにしてソクラテスは、知識らしく思えるもの（ドクサ＝臆見）を離れて真の知識（エピステーメー）を得るために対話をしました。ソクラテスはこのようなやり方を産婆術になぞらえています。相手が真の知識を産むのを対話して助けてやる方法だと言うのです。

エピステーメー

このようなソクラテスの方法は、善らしく見えるものではなく、善そのものがあることを前提としています。徳についても勇気についても、徳そのもの、勇気そのものがきっとあることを前提としています。この方法は相手の無知を露呈するので、識者を自称する者はソクラテスに恥をかかされたことを恨むことにもなります。そこでソクラテスは恨まれた者たちから「国家の信じる神を信じないで、新奇な神霊（ダイモン）を導入し、若者を腐敗させた」という罪で告発され弁明をしましたが却《かえ》って反感を買い、死刑を言い渡され、妥当な減刑を申し出なかったために死刑が確定しました。

刑の執行までの間、デルフォイへの国の使節団が帰国するまで一か月の猶予がありましたが、仲間のクリトンが脱獄の手筈《てはず》を整えてくれたのに悪法も法だからと言って脱獄を拒み、魂の不死についてなどを議論したあと、クリトンよ、医者の神アスクレピオスに鶏一羽借りがあるから、借りを返しておいてくれという遺言を残して毒人参を食べて七〇歳で刑死しました。

対話術（ディアロゴス）

ソクラテスは自分の対話術（ディアロゴス）を人間吟味、自分と他人の吟味だと言いました。ソクラテスはデルフォイの神託所に掲げられていた「汝自身を知れ」という言葉を座右の銘としていました。「汝自身を知れ」ということはとりもなおさず自分自身の無知を知れということであり、ほんとうらしく思えるものを離れて真の知識に自他を導くのに燃えていました。ソクラテスは善そのものを知っていれば、人は必ず善くふるまうものだと言いました。ソクラテスにとって善くふるまうのは幸福そのものであり、善を知っているのに行わないのは冗談にしか思えませんでした。このようなソクラテスの考えかたを知行合一説と言います。このようなソクラテスの人間相手

知行合一説

に対話をして定義を続ける哲学は、それまでの、自然の洞察から森羅万象のおおもとを知ろうとする哲学とははっきりと一線を画するものでありました。哲学史では古代の哲学をソクラテス以前とソクラテス以降で時代区分を分けて考えるならいとなっています。

ソクラテスは自らの言葉を書き残さず、書物もないので、ソクラテスを知るにはほかの人の書き残した文章に頼るしかありません。ソクラテスについて書かれたものはクセノフォンの『ソクラテスの想い出』『ソクラテスの弁明』、プラトンがソクラテスを主人公にして書いた対話篇のうち『ソクラテスの弁明』（クセノフォンの著とは異なる作）などの初期のもの、アリストファネスがソクラテスをソフィストとして茶化して書いた喜劇『雲』その他のソクラテスへの言及、アリストテレスがソクラテスについて触れている部分、ディオゲネス・ラエルティオスの『ギリシア哲学者列伝』があります。けれどもクセノフォンは軍人でソクラテスの哲学者としての中身に詳しく触れておらず、クセノフォンの描くソクラテスは因襲的な道徳家として描かれています。

その点、哲学者のプラトンのほうがソクラテスの説をよく理解していたかもしれません。けれどもプラトンの描くソクラテ

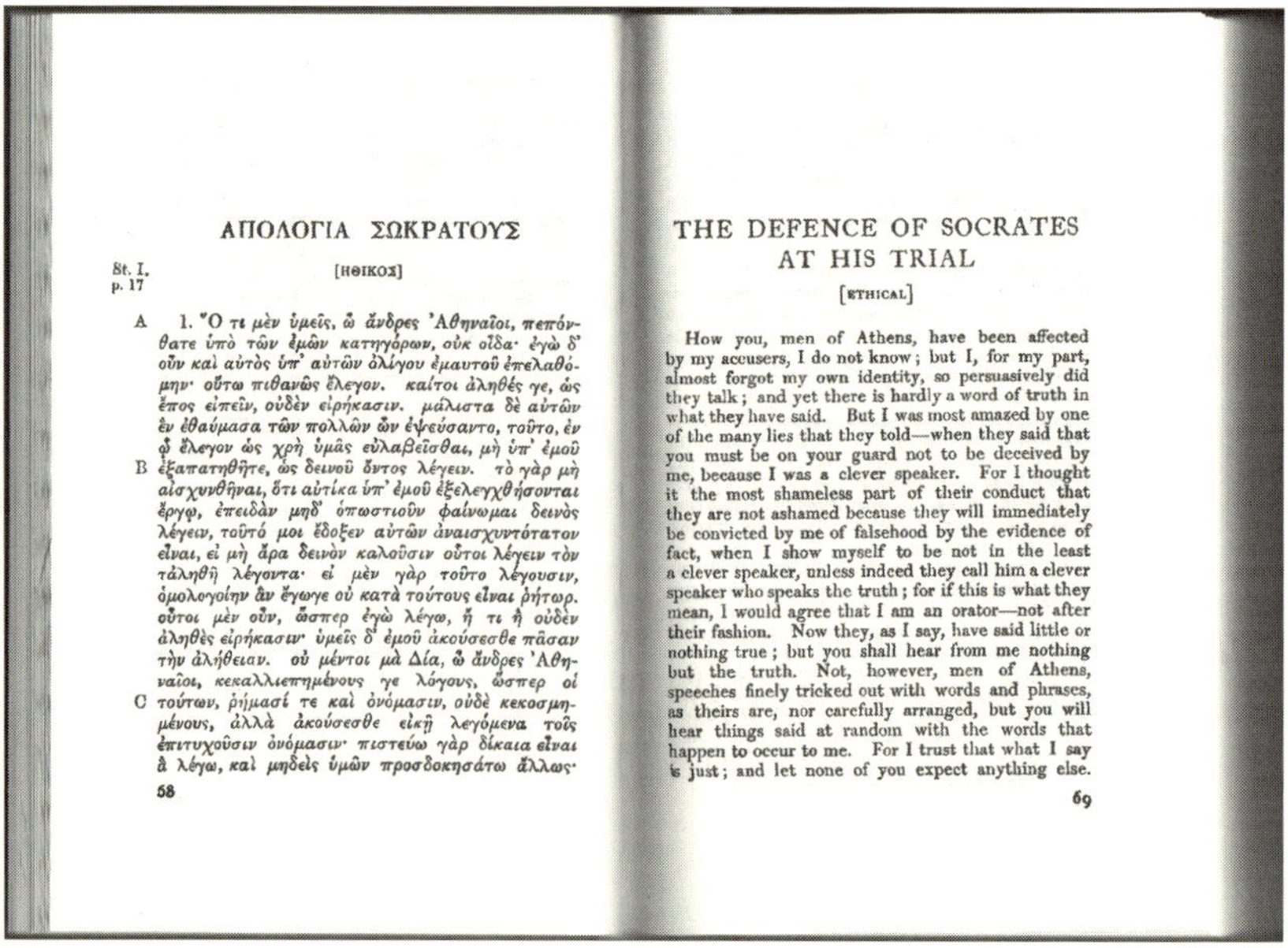

ΑΠΟΛΟΓΙΑ ΣΩΚΡΑΤΟΥΣ

St. I.
p. 17

[ΗΘΙΚΟΣ]

A 1. Ὅ τι μὲν ὑμεῖς, ὦ ἄνδρες Ἀθηναῖοι, πεπόν-
θατε ὑπὸ τῶν ἐμῶν κατηγόρων, οὐκ οἶδα· ἐγὼ δ'
οὖν καὶ αὐτὸς ὑπ' αὐτῶν ὀλίγου ἐμαυτοῦ ἐπελαθό-
μην· οὕτω πιθανῶς ἔλεγον. καίτοι ἀληθές γε, ὡς
ἔπος εἰπεῖν, οὐδὲν εἰρήκασιν. μάλιστα δὲ αὐτῶν
ἓν ἐθαύμασα τῶν πολλῶν ὧν ἐψεύσαντο, τοῦτο, ἐν
ᾧ ἔλεγον ὡς χρὴ ὑμᾶς εὐλαβεῖσθαι, μὴ ὑπ' ἐμοῦ
B ἐξαπατηθῆτε, ὡς δεινοῦ ὄντος λέγειν. τὸ γὰρ μὴ
αἰσχυνθῆναι, ὅτι αὐτίκα ὑπ' ἐμοῦ ἐξελεγχθήσονται
ἔργῳ, ἐπειδὰν μηδ' ὁπωστιοῦν φαίνωμαι δεινὸς
λέγειν, τοῦτό μοι ἔδοξεν αὐτῶν ἀναισχυντότατον
εἶναι, εἰ μὴ ἄρα δεινὸν καλοῦσιν οὗτοι λέγειν τὸν
τἀληθῆ λέγοντα· εἰ μὲν γὰρ τοῦτο λέγουσιν,
ὁμολογοίην ἂν ἔγωγε οὐ κατὰ τούτους εἶναι ῥήτωρ.
οὗτοι μὲν οὖν, ὥσπερ ἐγὼ λέγω, ἤ τι ἢ οὐδὲν
ἀληθὲς εἰρήκασιν· ὑμεῖς δ' ἐμοῦ ἀκούσεσθε πᾶσαν
τὴν ἀλήθειαν. οὐ μέντοι μὰ Δία, ὦ ἄνδρες Ἀθη-
ναῖοι, κεκαλλιεπημένους γε λόγους, ὥσπερ οἱ
C τούτων, ῥήμασί τε καὶ ὀνόμασιν, οὐδὲ κεκοσμη-
μένους, ἀλλὰ ἀκούσεσθε εἰκῇ λεγόμενα τοῖς
ἐπιτυχοῦσιν ὀνόμασιν· πιστεύω γὰρ δίκαια εἶναι
ἃ λέγω, καὶ μηδεὶς ὑμῶν προσδοκησάτω ἄλλως·

58

THE DEFENCE OF SOCRATES AT HIS TRIAL

[ETHICAL]

How you, men of Athens, have been affected by my accusers, I do not know; but I, for my part, almost forgot my own identity, so persuasively did they talk; and yet there is hardly a word of truth in what they have said. But I was most amazed by one of the many lies that they told—when they said that you must be on your guard not to be deceived by me, because I was a clever speaker. For I thought it the most shameless part of their conduct that they are not ashamed because they will immediately be convicted by me of falsehood by the evidence of fact, when I show myself to be not in the least a clever speaker, unless indeed they call him a clever speaker who speaks the truth; for if this is what they mean, I would agree that I am an orator—not after their fashion. Now they, as I say, have said little or nothing true; but you shall hear from me nothing but the truth. Not, however, men of Athens, speeches finely tricked out with words and phrases, as theirs are, nor carefully arranged, but you will hear things said at random with the words that happen to occur to me. For I trust that what I say is just; and let none of you expect anything else.

69

プラトン『ソクラテスの弁明』ギリシア語・英語対訳本　ロエブ古典叢書　ハーバード大学出版

スはどこまでが実際のソクラテスに即した言葉で、どこまでがプラトン自身の学説を言わせているのか区別ができないのが困ったところです。これは「いわゆるソクラテス問題」と言われています。アリストファネスはソクラテスの言行を反映して喜劇を書いていないし、アリストテレスは実際のソクラテスと付き合うのには遅く生まれすぎました。ディオゲネス・ラエルティオスはソクラテスよりだいぶ後の時代の人で、書いてあることは噂話が多く混じっています。これらの事情を汲んだうえで、プラトンの描くソクラテスに、ソクラテスの結晶化した姿を垣間見るより手だてがないようです。

魂は宇宙を駆けて天界の美そのものをかつて見ていた

ソクラテスの弟子だったプラトンは、ソクラテスが対話をして、善らしく思えるもの、勇気らしく思えるもの、徳らしく思えるものから離れて、善そのもの、勇気そのもの、徳そのものの定義を求めたことに深く影響されました。

プラトンはソクラテスが倫理の対象に限って善や勇気や徳そのものを想定したのに対して、人間や馬や三角形や机のような広い対象に人間それ自体、馬それ自体、三角形それ自体、机それ自体、という理想的モデルが存在すると考え、それらをイデアと名づけました。人と言っても、千差万別、大きい人も小さな人も、若き人も老いた人もいます。それらの違いを越えた人間そのものというモデルがあるから、人としてそれと分かると考えたのです。美しいといっても千差万別です。それらの違いを越えた

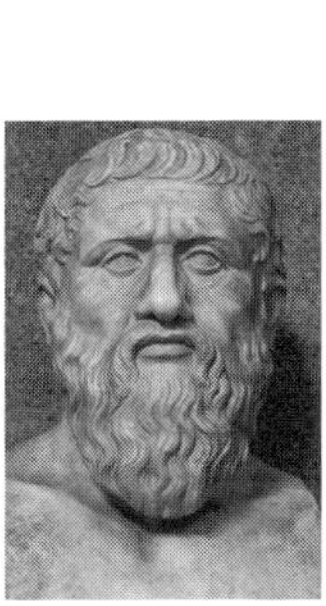

Platōn
プラトン(前427–前347)

イデア論

美そのものが、美のイデアが存在するとプラトンは考えました。これをプラトンのイデア論といいます。

想起説

人が美しいものを見てその違いを越えて美しいとわかるのは、生まれる前に美そのものを見たことがあるからに違いないとプラトンは考えました。人が美しいとわかるのは前世に見た美そのもの、美のイデアを思い出すからだと言うのです。同様に人間そのもの、机そのもの、馬そのものと言ったすべてのモデルを生まれる前に見ていたから、人はものを見てそれと分かるのだと考えました。このような考えをイデア想起説といいます。イデアはプラトンの想像では天界に輝いています。『パイドロス』篇という対話篇では、魂が宇宙を駆けて天界の美そのものを見ていた場面が語られます。想起説が成立するためには、魂の不死と生まれ変わりが前提となります。プラトンは『パイドン』篇のなかでソクラテスに魂の不死を語らせています。魂は前世でイデアの知識を持って現世に生まれてきたとプラトンは考えます。そして前世がある以上きっと来世もあるはずだと確信します。このようにプラトンはピュタゴラス派やオルフェウスが伝えたとされる宗教の教説を受け入れて輪廻転生はあると考えました。

さて、ここにいる馬に馬それ自体の性質があり、美しい人や花に美それ自体の性質があり、机に机それ自体の性質が備わっているのは、個々のものが自らのイデアを幾らかは分け持っているからだとプラトンは説明しました。これをイデア分有説と呼びます。

プラトンはこのようにイデアの世界と移り行くこの現象界を分離して考えました。美そのもの、馬そのもの、机そのもの等があるイデア界こそほんとうに存在する世界

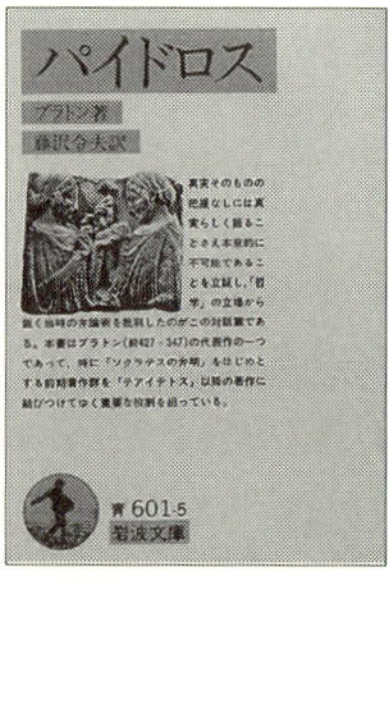

岩波文庫

岩波文庫

で、生々流転し、移り行くこの世界、花は枯れ、人は老いて逝き、何事も留まらないこの現象界は、ほんとうには存在していない仮の世界だとプラトンは考えました。

　これは、哲学史の流れから言うと、永遠不変にあるものだけが存在するとするパルメニデスの「存在」説と、この世の万物は流転すると説いたヘラクレイトスの「生々流転」説をプラトンがともに受け入れ、両立を図ったと考えられます。つまりイデア界は永遠不滅の存在の世界で、この世は生々流転する万物が流れる世界だと考えることで、この対立を決着しようと試みたのです。

　プラトンはイデアにも上下の階層があると考えました。なかでも最高のイデアとされるのが、善のイデアです。知られるものに真理を与え、知る者に力を与えるのが善のイデアであると『国家』篇第六巻で語られています。そして、善のイデアとは全てのものの太陽のように万物を照らしているとされています。この善のイデアを後にプロティノスという人は全てがそこから生まれてくるような一者であるととらえています。

　プラトンは知識すなわちエピステーメーはイデアについてのみ成り立つのであって、流転し移りゆくこの世界の物事についての知見は臆見、そう思えるに過ぎないことすなわちドクサだと断じました。臆見を離れ、知識に向かう方法を弁証術（ディアレクティケー）と呼び、このうち、いくつもの概念をまとめてゆくのを統合、大きな概念を細かく分けてゆくのを分割と呼びました。統合と分割により概念がいっそう明確に浮かび上がると考えていました。

　イデアが見えず、現象界に縛られている人間の状態をプラトンは『国家』篇のなかで洞窟の比喩と呼ばれるイメージで言い表しました。そのような人間は蠟燭《ろうそく》が立てら

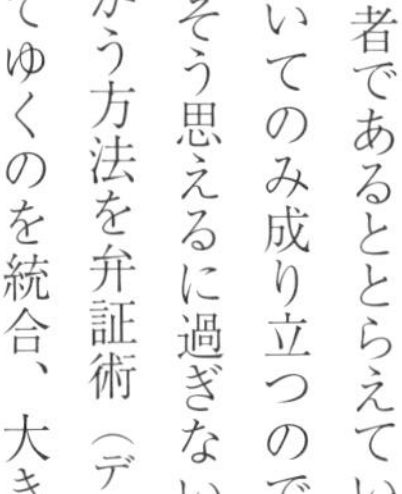

岩波文庫

れた洞窟の中で手を後ろに縛られ、振り返ることもできず壁に映った影絵を見て、それこそが本物だと思い込んでいる人々のようなものだと言いました。哲学者とはこの束縛を抜け出して洞窟の外の光溢《あふ》れる景色を眺め、洞窟に帰って来て壁に映る影絵を実在だと思い込んでいる人々に外の光溢れる景色を教えようとする人物だとプラトンは言うのです。

　プラトンはよい政治は哲学者が王になるか、王が哲学者になるかのどちらかによって実現すると考えました。これを哲人王説と言います。プラトンはシケリアのディオニュシオス二世という僭主《せんしゅ》の教育をその側近のディオンの要請で試みて苦い失敗を経験しています。プラトンはアカデメイアという大学を設立し、学問の府として学生たちを育成しました。アリストテレスもこのアカデメイアでプラトンに学んだ一人です。

アカデメイア

個物とは素材と形でできているそこを離れたイデアなど無い

アリストテレスは諸学の祖と呼ばれ、幅広い学問を講義ノートとして残した哲学者でした。その幅広い学問はとても短い言葉では紹介することができません。ここでは、そのうち、哲学の学説の、特に重大な要点に限ってお話しします。

アリストテレスは学説上やむを得ず、プラトンのイデア論を批判しています。

①私たちは人が老いて死んでゆくことを認識するのだから、老衰のイデア、消滅のイデアもなくてはいけないでしょう。そのような非価値なもののイデアを認めないなら矛盾しています。

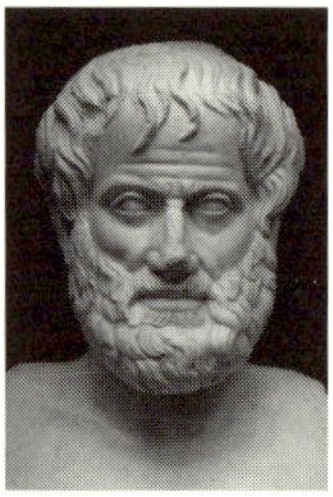

Aristotelēs
アリストテレス（前384–前322）

イデア論批判

②名詞であれ動詞であれ、言葉である限りのものは、イデアを持つことになるでしょう。それは言語そのものの写しと何が違うのでしょう。また、非存在のイデア、否定的なイデアも、言語の写しである限りあることになるでしょう。
③ソクラテスは人間である、という文の「人間」がイデアであるとしても、その場合ソクラテスもイデアとしての人間も含むような第三の「人間」が必要になります。これでは切りがないですね。
④親しさのイデアとか、仲違いのイデア、対立のイデア、類似のイデアのように、物事の関係のイデアもプラトンは認めていませんが当然あることになるでしょう。同一のものにたくさんのイデアが必要になるでしょう。人間について言っても、動物のイデア、二本足のイデア、人間そのもののイデア、足のイデア、手のイデア、頭のイデアと際限なくあるでしょう。それらの関係は不可解で言うに及びません。

形相

質料

大体において個物がまず実体として考えられます。個物はかたち（形相＝エイドス）と素材（質料＝ヒュレー）の結合体です。プラトンは人間性などを実体と考えましたが、アリストテレスでは個々の人間、個々の物体が実体なのです。

アリストテレスは物事の原因を四つに還元します。

①質料因（素材）　家ならば石や木材
②形相因（形）　家ならば家の形
③動力因（そのための働き）　家ならば大工
④目的因（何のためか）　家ならば住むこと

岩波文庫

これをアリストテレスの四原因説と言います。

アリストテレスは生成・運動の現象を可能態＝デュナミスと現実態＝エネルゲイア、完全現実態＝エンテレケイアに分けて説明しました。

可能態と現実態

例えば種子は木の可能的なもの、可能態であり、木は種子の現実態であり、大木は種子の完全現実態であるとアリストテレスは例えを挙げています。これは形相がどれだけ実現しているかで生成・運動を言い表す試みです。

自らをただ陶然と見つめつつ他者を動かす不動の動者

不動の動者

アリストテレスが言うには、全ての行為には目的があります。歩くのは散歩のため、散歩は健康のため、健康は幸せのため、幸せは心の充足のため……。いくら遡っても目的に終わりがないのではしかたがありません。アリストテレスは究極の目的因を「不動の動者」だと言います。自らはもはや動くことなく、全てを動かしている、究極の、動かし手です。それは他の何物にも煩わされることなく、ただ自らを観想＝テオリアしているでしょう。このように想定される不動の動者をアリストテレスは神と呼びました。その他アリストテレスは倫理学や自然学においても大きな成果を残しました。

直接に感覚から来る快楽を受け入れてただ隠れて生きよ

デモクリトスの原子論を受け継いだエピクロスは人生で最善のものは快楽であると

考えました。エピキュリアンが快楽主義と言われるのはそのためです。エピクロスが感覚的快楽を良いとしたのは、原子論から言って、原子の直接の接触である感覚の快楽は、思慮という余計な媒介を受けない（アロゴン＝非思慮）だけ純粋で価値があると考えた結果でした。

エピクロスは無節操、無際限な快楽の追求を勧めたのではありません。苦悩を感じない程度に限度を知って快を求めるのを善としたのです。エピクロスの言う幸福はアタラクシアすなわち無苦悩、魂が煩わされないことでした。動物や赤子のように渇けば飲む、空腹なら食べるという基礎的な快が満たされることを幸福の見本としたのです。苦悩を感じない程度であれば快楽は追求されるべきだとエピクロスは考えていました。無苦悩が理想とは随分消極的な快楽主義と言えそうです。エピクロスは無苦悩のために「隠れて生きよ」と言いました。

Epikouros
エピクロス（前341頃–前270頃）

快楽主義

摂理ある自然の声に従えば動揺しない賢者への道

ストア派の開祖ゼノンはキプロス島のキティオン生まれのフェニキア人でした。アテナイに上京してシノペのディオゲネスの系統の犬儒派から禁欲主義を学び、パルメニデスの系統のメガラ学派から論理学を学びました。ストア・ポイキレーという彩色柱廊で教えたことからストア派と呼ばれました。ストア派は実践的な生き方を教えると評判で、その生き方の中心的教えは「自然に従って生きよ」というものでした。ただし、ストア派の自然は摂理つまりはロゴスを備えたもので、ヘラクレイトスに倣っ

Zēnōn
ゼノン（前335–前263頃）

て、自然の本性をロゴスであり、燃える火であると言いました。
自然の摂理が宿命を決めてゆきますが、その宿命に沿って生きよと教えました。世の中には善いもの、悪いもの、どちらでもないものの三種類があると言います。善いものとは徳であり、自然の摂理に従って生きることです。悪いものは悪徳です。人生の浮き沈みのすべてはどちらでもないものです。訪れては消えて行く人生の浮き沈みによって、「心が動揺しない状態（アパティア）」に達した人が、ストア派の言う賢者です。また行為にはふさわしい行為と正しい行為があり、常人が行うべきなのがふさわしい行為で、賢者が行うのは道徳的に考え抜かれた正しい行為だと説きました。

ストア派
「自然に従って生きよ」

魂は真の知性に憧れて真の知性は一者にみとれる
一者から真の知性が流出し魂生まれ一者に焦がれる

新プラトン主義の哲学者、プロティノスの考えは、善なる一者を中心とする神秘主義でした。プロティノスの考えでは善なる一者（ト・ヘン）から真実在としての知性（ヌース）が流出しました。この知性から魂が生まれ、魂の影として目に見えるこの世界、感性界が生まれました。魂は感性界の美のとりこになるのですが、感性界は真実在の影に過ぎません。魂は感性界よりも真実在の世界に憧れ、最終的には一者に帰るべきだとプロティノスは説きます。
かなり徹底した神秘主義哲学で、常人にはなかなか想像できない根源としての一者、一者から流出した知性、知性から生まれた魂、魂の影としての感性界が熱心に語られ

Plōtinos
プロティノス（紀元204–270）

ます。原初の故郷の一者への帰郷に焦がれるプロティノスの神秘主義は、プラトン哲学の徹底した読み直しであり、プラトンの思想から神秘的な解釈や略図的な借用を大胆に行っています。

プラトンよりもさらに一者への希求には切実なものがあり、地上を離れた彼方を想像する想像力の逞しさは余人の及ばないところへいっています。

新プラトン派

旧約の神をギリシアに置き換えて姿見えない最高善と読む

アレクサンドリアのフィロンはヘブライ語からギリシア語に翻訳された旧約聖書を読み、ギリシア的、ヘレニズム的に読み替えた人です。フィロンはユダヤ教の信仰を持ちながらも、ヘレニズム的素養を身につけており、旧約の信仰とギリシア哲学が一致することを示そうと努めました。彼はヘレニズム世界でよく用いられたアレゴリー（寓意）的解釈で旧約を読み替えました。

Philōn
フィロン（前25–紀元50頃）

例えば創世記〔三章二一節〕で神がアダムとイブのために洋服を作ったというところは、神が作った人の服とは人に被《かぶ》せた肉や皮を含意している、などと読み替えて、旧約のほんとうに意図するところは表面の描写とは離れた真意があることを説きました。フィロンにとって旧約聖書の物語は精神的な含意の比喩的な描写であって、その真意はギリシア哲学と一致するものでした。旧約聖書の人格的な父なる神も、人には姿の見えないピュタゴラスやプラトンの言う最高善に違いないとフィロンは考えました。創世記はプラトンの『ティマイオス』篇と一致するものと考え、創造の原像は神の精神ないしロゴス（言葉・ことわり）に宿っていたとします。神はロゴスを通じて世界を創造し、ロゴスは神と世界を橋渡しするものです。

暗黒の現世に落ちた魂は真理を悟り故郷へ帰る

異端信仰と考えられてきたグノーシス派は悪しきこの世界を創造したデミウルゴスを低いものとみなし、それより高い神がいる光の国がわれわれの魂の霊的な部分の故郷であると説明しました。人間の魂は元来の自己の認識へと目覚め、故郷である神的な光の国に上昇する中で体と物質世界から解放され救われると説きました。悪しきこの物質世界と魂の故郷の善なる光の国という二元論で世界を説明したため、プロティノスからも、教会の教父からも危険視され非難を受けましたが、現代では一定の評価を受けています。

グノーシス派
gnosticism

イエス・キリストと教父哲学

この世では報われることない行いが天の国ではいちばん貴い
殺される無力な羊キリストが背負ってくれた人の苦悩を

キリストで知られるイエスは、ナザレの大工の子でした。大きくなると洗礼者ヨハネに洗礼を受け、やがて布教活動をはじめました。イエスの信仰の第一は自分が神の子であるという確信です。布教の第一声は洗礼者ヨハネと同じく「悔い改めよ、天の国は近づいた」でした。イエスは「汝の富を天に築きなさい」と説きました。これは、現世ではなく、神の国に富を築きなさいということです。具体的には、現世では報わ

キリスト教

れることのない行いを敢えてして、神の国に功徳を積みなさいということです。価値の基準をこの世ではなく天の国に置くことが、キリスト教の価値観の転換でした。

イエスは人間を獲る漁師になりなさいと声を掛けて弟子を集め、分かり易《やす》い喩《たと》えを多く用いて慈愛の教えを広め、奇跡の業を行い、ユダヤ教のファリサイ派やサドカイ派の反感を買い、エルサレムで布教し、陥れられて、十字架に掛けられました。イエスは、旧約聖書のイザヤ書に書いてある殺される無力な子羊としてのメシアの役割を自覚して行動していたと思われます。神の子イエスは無力に殺される子羊としてのメシアの役割を自分のものとして引き受けて、はりつけにされました。そのことで人々の罪を背負い、苦悩を背負い、贖罪《しょくざい》の羊となったのです。今書いたことは、福音書作者を含む人々の考えを考慮して述べられています。イエスの実像となると確かなことは言えないからです。福音書作家は、かつて信じられていたようにイエスの使徒本人ではなく、一世紀後半から二世紀の原始キリスト教の信徒でした。キリスト教の誕生以降、哲学史の流れは、キリスト教の教えを吟味するものへと主流が移っていきます。

ギリシアの賢人たちもキリストのロゴスの種に与かっていた

Justinus
ユスティノス（100–165頃）

パレスティナのサマリア人ユスティノスはストア派からアリストテレスを祖とするペリパトス派、ピュタゴラス派を経てプラトン哲学に出遭いましたが、キリスト教に出遭ってはじめて真の哲学を見つけたと感じました。哲学者たちは真理のいくつかを発見したけれども、それは神によって知性に種まかれたロゴス（言葉のはたらき、ことわり）による作用だとユスティノスは考えました。完全なるロゴスはキリストに他ならないので、知性に与《あず》かって行為する者はキリストに与かって行為するのであり、イエス以前の賢人は、信仰者アブラハムだけでなく、ギリシアの哲人たちもまた、キリスト以前のキリスト教徒だとユスティノスは考えました。あらゆる真理は一つであり、哲学的な知とキリスト教の信仰は別物ではないと考えました。というのも古今の賢人は神的ロゴスであるキリストに与かって知性を発揮したからです。古代哲学を知ることはキリストの神的ロゴスを知る助けとなり、異教徒の本を読むことが決してキリスト教理解の妨げにはならないのだとユスティノスは考えました。

神をより深いところで知るために情念を越え賢明に生きよ

Clemens
クレメンス（*150*頃－*215*頃）

アレクサンドリアのクレメンスはグノーシス派を退けつつ、グノーシス派への恐れにより学問から信仰を守ろうとする反学問の人々にも反論しました。信じる者は信仰で得た真理を知的に洞察して自らを深めます。つまり信仰者は自ら真偽を区別する知者としても成長すべきなのです。知性は神から生まれた神的ロゴスに由来します。クレメンスはこうした考えに基づいて信仰理解のために古典哲学を自由に活用します。プラトンやフィロンの考えを取り入れたクレメンスは、人間精神は神を汲み尽くすことはできませんが、神への直観へと近づくことができると考えました。けれども、神を知るためには倫理的な完成が求められ、人は神の恵みに支えられながら、自らの情念を支配しなくてはいけません。クレメンスはストア派が唱える自然の摂理に従った

Origenes

オリゲネス（185－254頃）

人生を受容しました。自然の摂理に従った人生とは、神が創造の際自然に与えた目的に沿った人生であり、神の意に沿った人生であるとクレメンスは言うのです。

形相と質料は神が善意から創造をした被造物の一部

魂は肉を離れて最後には善なる神のふところへ帰る

オリゲネスの思想はキリスト教の学問的な整理に大きく寄与しました。オリゲネスはキリスト教の教えとギリシア哲学に大きな一致があることを評価する一方で、ストア派の運命論やアリストテレスの形相（かたち）と質料（素材）の二元論を退けています。形相と質料は被造物を作る要素に過ぎず、被造物は神が善意によって無から創造したものだとオリゲネスは説明します。魂の創造について、初め神はすべての魂を、肉体を持たない純粋な精神として創造したのですが、それぞれの魂が犯した罪の程度によって質料のなかへ落ち、肉体を持つに至ったと彼は言います。それでもオリゲネスは神が人を善へと立ち返らせるための教育の場として肉体を考えています。しかしながら善なる神は最終的にすべての魂を自らのもとに還帰させ、永遠の救いを与えるとオリゲネスは考えました（「万物の回帰」の説）。神へ帰る道において人は福音の教えの掟《おきて》を守らなければいけません。この福音の掟はストア派の自然の摂理にも、モーゼの律法にも一致しています。福音の掟を守りながら、人は現世的な生を善そのものへと向かわせ、自らの魂を救いへ至らしめ、神に帰って行きます。

このように東方のギリシア教父たちは神との神秘的一致、神化（テオーシス）を最終目的としますが、西方のラテン世界では信仰の基礎とその意味を説明することに力を注ぎました。

自らを神の灯りに照らされて神の愛へと遂に目覚める

アウグスティヌスの代表作は、過去の過ちの遍歴を回想し、神を称《たた》える『告白』です。アウグスティヌスは神と対話し、キリスト教の眼で見て過去の自分がどう誤っていたのかを振り返り、神を絶えず称えます。彼は善悪二元論的なマニ教に帰依した過去を持ち、懐疑論に耽溺《たんでき》し、敬虔なクリスチャンだった母親との離反に苦しみ、神に帰依するに至った道のりを告白します。

アウグスティヌスの思想の特徴は自己自身への立ち帰りです。自己自身を経験の確実な場所ととらえ、神の灯りとしての知性に助けられて、魂の眼によって、自分を越えたところに、真理であり、不変の光であり、永遠である神と出会います（『告白』七巻第一〇章）。彼は「私は有る」、「私は知る」、「私は意志する」という三点の一致を通して、父と子と聖霊の三位一体に類推的に触れることができると考えるに至ります（『告白』一三巻一一章）。彼は神の恩寵《おんちょう》、神の愛にすがりつつ自らへ向き直り、神への信仰を成就するというキリスト教の基本的な態度を確立しました。

Augustinus
アウグスティヌス（*354–430*）

中公文庫

魂は深い所に潜り込み神の光で何も見えない

ディオニュシウス・アレオパギタの著作と称される一連の書物があります。この（偽）*ディオニュシウスが考えるには、万物の根源である神はこの世を超えた一者です。その溢れ出す善から万物が成り立っています。神について語るときには感覚的な象徴で捉えられます。イエスの象徴としての魚、十字架などです（象徴神学）。次に概念で言い表すならば、善、存在、生命、知恵、力、平和、静止と運動、支配者、一者というような完全性を表す言葉で語ることができます（肯定神学）。他方、有限な性格を持つ概念を退けるというかたちで、幻ではない、死すべき者ではないというふうに否定的に語ることができます（否定神学）。このなかでは否定神学が神を語るのに最もふさわしいと彼は言います（『神名論』より）。けれども精神は深化の最終段階では無知の黒い闇に入り込みます。これはただの暗闇ではなく、神の光が多すぎて眼が眩《くら》むのです。これこそ神と一致して完成に至る、神と瞑想者の神秘的合一の道です（『神秘神学』より）。ディオニュシウス・アレオパギタの思想は東方教会の神学を基礎づけ、中世西方の神秘思想にも影響を与えます。彼は『天上位階論』で九つの天使の位階を整理して述べ、『教会位階論』では教会を九つの位階で説明しました。

万物は神の意志から生まれ出て救済されて神の地へ帰る

ヨハネス・スコトゥス・エリウゲナはカール大帝の下のカロリング・ルネッサンス

Dionysius
ディオニュシウス・アレオパギタ（*480*年頃シリアで活躍）

＊ディオニュシウス・アレオパギタはパウロの同時代人と考えられてきたが、残されているディオニュシウス文書は四八〇年頃シリアで活躍した別人の作。

象徴神学

肯定神学

否定神学

と呼ばれる学芸復興期を代表する思想家です。彼はディオニュシウス・アレオパギタの著作をギリシア語からラテン語に翻訳し、註をつけました。彼は神の予定と人間の意志の問題に踏み込み、神は善にして一なる存在で、神の意志も善であるから、神は予定をもって人間をただ善のみへと動かすと強調しました。神はあらゆる認識を越える一であり、ただ否定的にしか語れないとエリウゲナは述べました。ただし被造物の全体と世界創造のモデルとしての理想界は神が自らを映し出したものに他ならないと言いました。エリウゲナは創造も世界のありかたも一から多への発出と多から一への還帰として語ります。けれども神の創造の業は自由な意志によるはたらきであり、神への還帰はキリストに導かれて被造物を神と再び一致させる行為だと言います。被造物が救済と神化によって完成態に達し、神に帰って神とひとつになるとき、「創造されない自然」である神は創造の業を終えるとエリウゲナは考えました。

Johannes Scotus Eriugena
エリウゲナ（*810*頃–*877*以降）

THE GOSPEL ACCORDING TO
JOHN

ΚΑΤΑ ΙΩΑΝΝΗΝ
ACCORDING TO JOHN

1.1 Ἐν ἀρχῇ ἦν ὁ λόγος, καὶ ὁ λόγος ἦν
IN [THE] BEGINNING WAS THE WORD, AND THE WORD WAS

πρὸς τὸν θεόν, καὶ θεὸς ἦν ὁ λόγος. 1.2 οὗτος ἦν
WITH - GOD, AND ⁴GOD ³WAS ¹THE ²WORD. THIS ONE WAS

ἐν ἀρχῇ πρὸς τὸν θεόν. 1.3 πάντα δι᾽ αὐτοῦ
IN [THE] BEGINNING WITH - GOD. ALL THINGS THROUGH HIM

ἐγένετο, καὶ χωρὶς αὐτοῦ ἐγένετο ⸀οὐδὲ ἕν.
CAME TO BE, AND WITHOUT HIM CAME TO BE NOT ONE THING.

ὃ γέγονεν 1.4 ἐν αὐτῷ ζωὴ ἦν,⸃ καὶ ἡ ζωὴ
THAT WHICH CAME INTO BEING IN HIM WAS~LIFE, AND THE LIFE

ἦν τὸ φῶς τῶν ἀνθρώπων· 1.5 καὶ τὸ φῶς ἐν τῇ
WAS THE LIGHT - OF MEN; AND THE LIGHT IN THE

κοτία αὐτὸ οὐ κατέλαβεν.
ARKNESS DID NOT GRASP~IT.

ἀπεσταλμένος παρὰ θεοῦ,
HAVING BEEN SENT FROM GOD,

1.7 οὗτος ἦλθεν εἰς μαρτυρίαν,
THIS ONE CAME FOR TESTIMONY,

φωτός, ἵνα πάντες
LIGHT, THAT ALL

1.8 οὐκ ἦν ἐκεῖνος τὸ φῶς,
THAT ONE~WAS NOT THE LIGHT,

περὶ τοῦ φωτός. 1.9 Ἦν τὸ
ABOUT THE LIGHT. HE WAS THE

ωτίζει πάντα ἄνθρωπον,
LIGHTENS EVERY MAN,

ν. 1.10 ἐν τῷ κόσμῳ ἦν,
IN THE WORLD HE WAS,

τοῦ ἐγένετο, καὶ ὁ κόσμος
CAME TO BE, AND THE WORLD

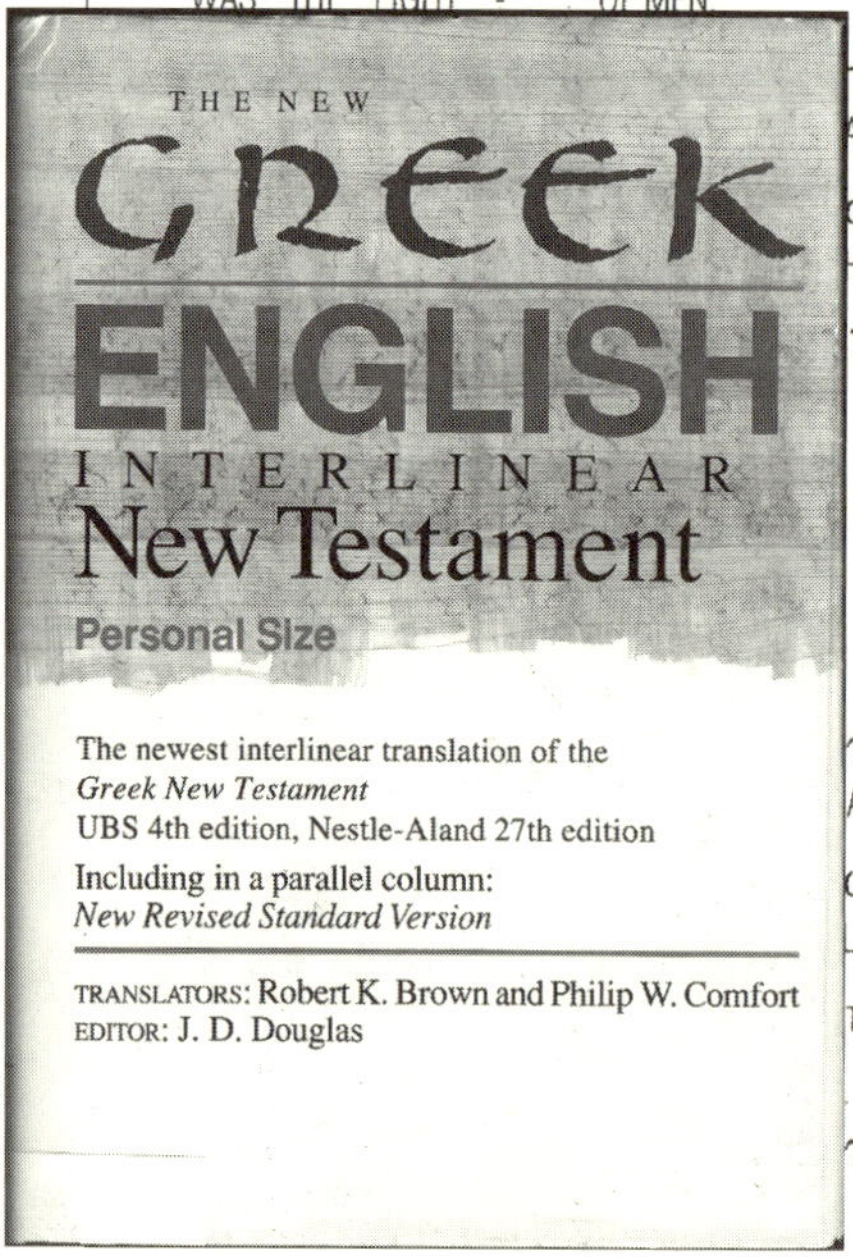

ギリシア語・英語対訳『新約聖書』の表紙（下）と、本文「ヨハネによる福音書」の冒頭部分（右）

それよりも偉大なものは何もない神は必ず実際に有る

アウグスティヌスに従い、理性と信仰、論理と瞑想、修道院神学とスコラ（神の論証）的神学の最初の結合を成し遂げたのが、カンタベリーのアンセルムスという人物です。彼の神学は信仰によって受け入れられた問題を、聖書や教父の権威によらず、ただ理性のみによって証明しようとします。彼の方法は「知的理解を求める信仰」と呼ばれています。信仰は必然的に知的理解を得ることを求めるとアンセルムスは言います。このような知的理解は来るべき世で与えられる神の直観の先がけとなるものだ

Anselmus
アンセルムス（*1033/34–1109*）

と言うのです。

アンセルムスは『プロスロギオン（知的理解に向けて）』の中で神の存在証明を展開します。神は、それより偉大なものが何も考えられない何かであり、そのように捉えられるものは、単に知性において思考されているだけのものではありえず、必ず現実においても実在すると言います。なぜなら思考のうちに留まるならば、思考の外により偉大なものが考えうるという矛盾が生じるからです。このような、神への精神の疑いえない方向性のことを、アンセルムスは精神の真っ直ぐさと呼びました。この精神の真っ直ぐさが、真理や正義や自由意志を成り立たせるとアンセルムスは説きました。

各々の個々を離れた普遍とは唯の言葉か実のあるまことか

ポルフュリオスの『エイサゴーゲー（手引き）』という論理学の本の翻訳を通じて、中世神学は普遍論争という議論を始めました。個々の人やものではなく、「動物」や「人間」というような、広く多くに当てはまる普遍的なものが言葉にはあります。この普遍的なものは単なる言葉だけのものなのか、内容ある概念なのか、内容ある概念ならば事物に内在する本質が対応しているのか、本質は複数なのか単数なのか、普遍的なものはどの程度実在的なのかといったようなことを巡って論争が繰り広げられました。

ロスケリヌスは、普遍的なものはただの音声に過ぎず、多数に適応されるが、事物は個別的なのでこの音声には対応する実在や本質は存在しないという、普遍は名前に

Porphyrios
ポルフュリオス（234–305）

普遍論争

Roscelinus
ロスケリヌス（1050頃–1125頃）

過ぎないとの立場、唯名論の立場に立ちました。

シャンポーのギヨームはこれと正反対の実念論を唱えています。ギヨームは普遍的な言葉に対応して、普遍的な「もの」が事物側に実在していると説きました。普遍的な「人間」や「動物」といったものが実在すると考えたのです。

唯名論はひとつの言葉を多数のものに用いることの意味を説明できていないし、実念論は同じ言葉で呼ばれるものが多数の個別的実在だということを見失っています。

Guillaume
ギヨーム（*1070*頃–*1122*）

普遍とは単なるものや音でなく知性の捉えた意味を表す

アベラルドゥスは、普遍は「もの」でも「音声」でもなく、人間知性に固有のはたらきであり、知性が個々の事物から抽出した本性を表現する言葉ないし意味だという解決策を提示しました。

Abaelardus〔*Abélard*〕
アベラルドゥス（*1079–1142*）

神学のもつれを理性で解き明かし体系的に過去をまとめる

アベラルドゥスは教父や他の著作から対立する神学上の意見を集め、理性的な討論によって解決しようとしました。このような問題解決の積み重ねで神学の体系を構築し、この体系から個々の教父や権威者の発言を位置づけることを目指しました。

神の意に耳を傾け選び取る人の意図こそ行為を良くする

アベラルドゥスの倫理思想から言うと、行為が善いものとなる理由は、それを導く意志の内的な意図が善いことにあります。意図の善さは、良心において聴き取られる神の客観的意志を理解し、人間の意志がそれに内的に従うことに基づきます。この意図と良心の重視は神の意志に基づくので、ただの考え次第にまかせることではありません。

アベラルドゥスの論理的、批判的な合理主義や個人的主体性の強調は、クレルヴォーのベルナルドゥスなど多くの敵対者を生みましたが、成立しつつあったスコラ学には強い影響と成果を残しました。

瞑想し乳と蜜とが流れ出し神と人との結婚を祝う
神を想いわれを忘れて無垢となりまったく神のうちへと移る

クレルヴォーのベルナルドゥスは、その豊かな弁舌と柔和な人柄で蜜の流れる博士と慕われました。瞑想的で伝統的な修道院の傾向を継ぐ神学者であったベルナルドゥスは、アベラルドゥスやギルベルトゥス・ポレタヌスらの主知主義的で合理的な神学に対して戦い、数多くの甘美な説教を行って宗教性の回復を呼びかけました。彼は旧約聖書の雅歌に歌われる花婿と花嫁の愛を、花婿キリストに対する花嫁たる信仰者の無垢な愛情と捉え、敬虔な信仰の中心に置きます。

聖母に対する幼子イエスの従順、父なる神に対するイエスの従順、天使のお告げに対する聖母の従順を想い、信仰の糧としました。

ベルナルドゥスは人間の自由について、神の似姿である本来の人間の持つ「自己決

Bernardus Claraevallensis
ベルナルドゥス(*1090–1153*)

定の自由」の意義は、原罪からの許しというキリストの恩寵を受け入れて、善をなすことにあると言います。これを「恩寵の自由」と言います。

そして隣人を愛し、神を敬う善をなすとき、神に近づく者へと高められます。驚くべき仕方によって自己を忘れ、自己を完全に放棄するときに、まったく神のうちに移るとベルナルドゥスは言います。

神の御心と人の信仰との愛による合致は、「栄光の自由」を約束されています。そこに至って、未来の救済で約束されている永遠の幸福の中で、何の不安もない、欠けることのない善を受け取ることになります。このようにベルナルドゥスは人間特有の性格、救済の歴史、幸福の達成について、スコラ学の分析とは異なり、全体的な方向性に光を当てました。

アルバ文庫／サンパウロ社

放射する神の光に照らされて物の道理が明らかになる

ロバート・グロステストは光の形而上学と言われる哲学を唱えました。世界の創造は光あれという神の言葉によって、一点に光が生まれることから始まります。この光があらゆる方向に向かって球状に放射し、広がってゆくことで空間が成り立ちます。この光は天球を形成し、屈折や反射といった運動の法則を決定します。彼の学問は光の運動に基づいた幾何学的、数学的な方法に立ちます。心のありかたを決めるのも、神の光です。人の知性は、神の精神的な光に照らされて、物事の真理を見極めることができる、とグロステストは言います。

Robert Grosseteste
グロステスト（*1170*頃－*1253*）

考えは数学により固まってじき訪れる終末を待つ

ロジャー・ベーコンは、グロステストに従い自然のすべてのエネルギーを光に還元できると言い、数学を諸学の基礎と説きます。数学的な方法が優れているのは、無知を取り去るのに最適だからだとベーコンは言います。単なる思考は数学的に定式化されて確かなものとなり、論証は経験に裏づけられて説得力を持つと言います。彼がもくろんだキリスト教的な人間学のためには、アリストテレスの進歩性を活かすための教会での根本的な学問の改革が必要だと説きます。同時代を改革の時代、移行の時代だと言うベーコンの思想は、フィオーレのヨアキムの「キリストの時代が間もなく終わり、最終的な聖霊の時代が来る」という終末論の影響がみられます。

Roger Bacon
ロジャー・ベーコン（*1213*頃–*1291*以降）

創造の念頭にある永遠の神のイデアを万物に見る

ボナヴェントゥラは哲学とは神学のなかに位置づけられるべきだと考えました。アウグスティヌス、ディオニュシウス・アレオパギタ、アンセルムス、ベルナルドゥスの瞑想的、信仰的な伝統を踏まえて学問として花開かせようとしました。ボナヴェントゥラはアリストテレス的に、有限なものは質料（素材）と形相（かたち）から成るとしましたが、質料は単なる物質だけでなく、精神的な存在をも規定すると考えました。半面プラトン的な立場に立ち、個々の存在の真の理解のためには、個々の存在をよ

Bonaventura
ボナヴェントゥラ（*1217/21–1274*）

り高いものの影として見ることが必要となると説きました。限りあるものの本質は創造の際、神の念頭にあった永遠の原像＝イデアに従って作られています。ボナヴェントゥラは永遠の原像というプラトン的な考えを、キリストを介在させて理解します。そしてすべてのものは神の内なるロゴス（ことわり・言葉）であるキリストにおいて、創造に先立って思念されていたのです。それゆえに、キリストは全現実の中心であり、すべての認識の鍵であるとボナヴェントゥラは言います。

アウグスティヌスが言うように、キリストは魂の内的な光でありその照らしと教えによって人は真理を理解できます（照明説）。人は、外的自然に神の足跡を見て、見聞きしたことを手掛かりに魂を内に向け、神の神秘の感得に至ります。自然から出発し、魂を経て神に至るこのような立ち帰りは、永遠を求める全人格的な営みであります。魂は神への愛に満たされて人として成長するとき、被造物に神を見て取る知恵を得るのです。魂は神の足跡を見て神の神秘を感得する内的な光を持っているとします。

人の知る神の名は有りて有る者で人の幸とは神をみること

トマス・アクィナスは信仰と理性、福音に帰れという運動とアリストテレスの受容を両立させた最大の神学者です。彼によれば、理性は根本的に信仰に開かれたものであり、理性が踏み出すことのできる最後の一歩は自己を越えて信仰を受け入れることなのです。理性が信仰を受け入れるとき、迷信に落ち込むのではなく、理性は自らを完成し、高次の理性になるとトマス・アクィナスは言います。トマス・アクィナスは神に由来する「存在」を物事の「本質」から区別し、神に由来する存在を物事の本質が分け持つという「存在」の思想を説きます。

人が神に由来する「存在」を知るのは、「類比的な言葉」からであると彼は言います。被造物は神から存在を分有し、神という究極の原因によって存在すると言います。物事には原因がなければなりませんが、それ以上遡れない究極の原因がなくてはならない、それが神であるという神の存在証明を彼は試みています。神は人智を越えたものとして人からかけ離れているので、神について語るときは類比でしか語れないと述べます。人がわかる範囲で最も適切な神の仮の呼び名は「存在」であり、すなわち『出エジプト記』で神が名乗った「有りて有る者」だとトマス・アクィナスは言います。人間の究極的な至福は、最終的に知性のはたらきで神をみることだと彼は考えます。人が自分を完成させてゆく働きは、神からの働きかけによって良心として基礎づけられ、助けられ、実りに至るのであり、人の究極目的は、恩寵の助けによってのみ達成できる神の知的な直観だとトマス・アクィナスは考えました。

神を知る人の力の尊厳を精妙博士固く信じる

ドゥンス・スコトゥスは精密な議論ゆえに「精妙博士」と称された、スコットランド生まれの神学者です。スコトゥスが心を砕いたのは、人間のうちに直知と愛による神との一体化に高められるような根元的な可能性があること、そのような高い人間性を確立することでした。彼はトマス・アクィナスのスコラ哲学を受け継ぎながら、そ

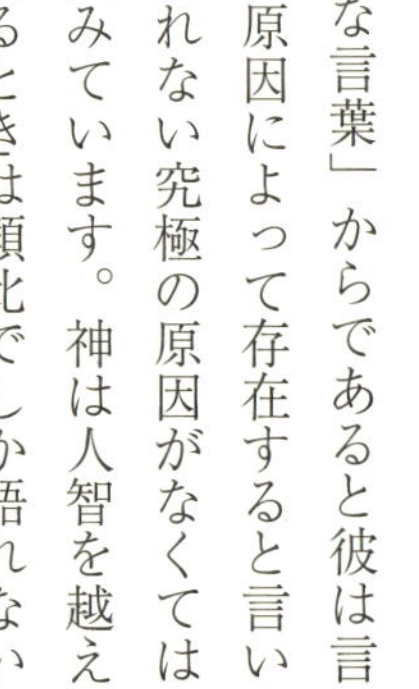

Thomas Aquinas
トマス・アクィナス（*1225*頃–*1274*）

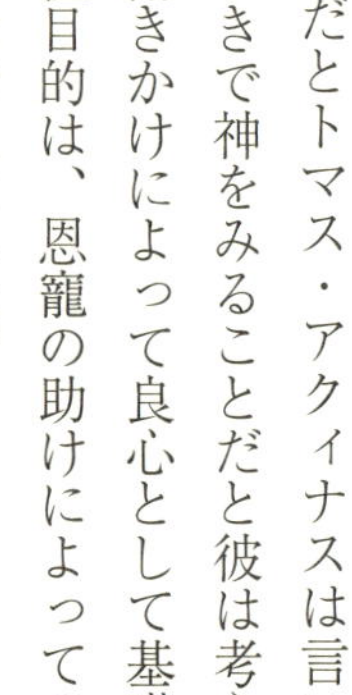

中公クラシックス

Duns Scotus
スコトゥス（*1265*頃–*1308*）

の主知主義よりも主意主義を強調しました。自由な人間の意志は知性に対して優位に立つと言ったのもそのためです。人間の知性の扱うものは第一にすべての有るものにほかならぬと彼は言いました。そして人間の知性が、限りある者と無限な神を問わず、すべての有るものに対して根元的に開かれていると説きました。これも高い人間性の確立にかかわります。また、一般的な人間性と個々の人間を人が知るのは、物事の共通本性と個体化の原理をともに人が知るからであるという説を立て、知るはたらきの妥当性を基礎づけ、人間の知性の根源的な能力を証明しようと試みました。スコトゥスは「考えられうる限りでの最高のもの」という神概念は矛盾がなく、実際に考えうる以上、神は存在すると言います。このような神の存在証明を精密に展開しましたが、これも人間の知性が神の本質を把握できることを示そうとしたものです。

剃刀で無用な思弁切り捨てて全能の神の領分を守る

ウィリアム・オッカムは個物だけが実在するという命題を主張し、人の認識の全体が個物についての直観的認識に基づくと考え、経験主義的な傾向を示しました。オッカムの剃刀《かみそり》として知られる思考節約の原理、「必要なしに多くの原理を定立してはならない」は十分な根拠・理由なしにはいかなる命題も主張してはならないことを意味していました。これによってオッカムは、多くの無用な形而上学的思弁を取り除こうとしました。

また概念やそれを表現する名辞（人間など）は普遍的本質や純粋なイデアをとらえ

William of Occam
オッカム（*1285*頃－*1349*）

て表示しているのではないと彼は言いました。名辞がとらえるのはあくまで具体的な個物です。ただ知性は似たところのある個物を同じ概念でとらえます。その意味で概念は多数のものの記号であり、その意味でのみ普遍と言えます。それ以上に普遍が普遍として実在することは決してないとオッカムは言います（オッカムの唯名論）。オッカムは神の全能をあらゆる理解の中心に据え、あれこれと神を限定する古典的形而上学を取り除こうとしました。無用の形而上学を切り捨てるオッカムの態度は、宗教改革者マルティン・ルターの宗教観に影響を与えました。

魂が自分を無にして空となり神と人との境が消える

マイスター・エックハルトは、魂が自我と無知から離れ、被造物のしがらみから離れて自由になるとき、魂は無に転ずると説きます。この魂の無を神が底から支え、魂を神のうちに保つと言います。すべてを捨て去った貧しさの極限で、人は私と神とが一つであることを受容し、神はその独り子を魂のうちに生み出します。人が魂のうちで神の独り子となって自分を手放すときに神の本性は人の魂と一体となります。私が神をいかなる像の助けもなく、じかに経験するとき、神は私となり、私は神とひとつとなってはたらくと言います。「人が貧しさとなり無となって神の子と等しくなり、媒介なしに神とひとつになれる」というマイスター・エックハルトの神秘思想はスコラ哲学から危険視されましたが、後のキリスト教の多くの神秘思想に大きな影響を与えています。

Meister Eckhart
エックハルト（*1260*頃－*1327/28*）

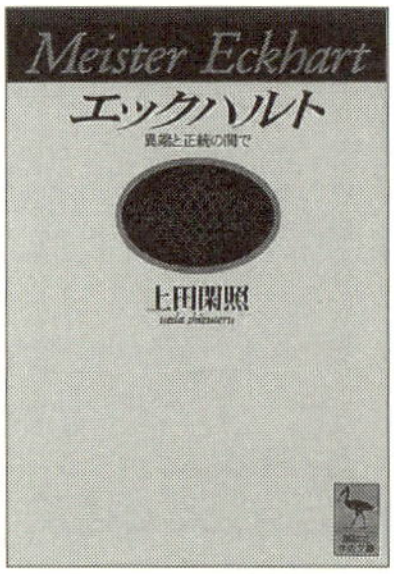

講談社学術文庫

対立の一致を映すこの世には神の命が貫かれている

ニコラウス・クザーヌスの神学はマイスター・エックハルトのドイツ神秘思想と近接性を持っています。さらに、古くからのディオニュシウス・アレオパギタやエリウゲナ経由のプラトン主義の立場に立ち、ピュタゴラスに似た数学的比喩で神学を表現しました。『学識ある無知について』によると、神は極大なものですが、その極大は極小との比較ではなく、同時に極小でもある絶対的極大であるとクザーヌスは言います。神は極大と極小の合致であり、神の本質はあらゆる対立の結合、「対立物の一致」

Nicolaus Cusanus
クザーヌス（*1401–1464*）

だと述べています。このような神はただ無知の自覚の中で触れられるものであります。その意味でクザーヌスの神学は、積み重ねの上に成り立つ「学識ある無知」にほかなりません。すべてを内包する神の性格が、空間と時間において繰り広げられたものが、この世界です。「対立物の一致」の時空での展開である世界は「形相」と「質料」から成り、両者を結びつけるのは愛という万物の運動のはたらきです。世界は神の展開である以上、それぞれのものが、すべてを束ねる神の本質を宿しているとクザーヌスは言います。すべてのものが個別に神を宿していて、すべてはお互いに調和した関係にあります。その中で人間は自覚的に神を映す、万物の尺度であります。そして人の魂は知るはたらきの極限で、神との一致に至り得るとクザーヌスは言います。絶対的な極大なる者としての神と、制限された極大なる者としての世界を兼ね備えた存在で、神の全一性を備えた人間こそ、イエス・キリストだとクザーヌスは考えます。このキリストへの信仰と愛によって信仰者が結びつくことで教会が成り立っています。クザーヌスの神学の特徴は「世界は神の展開であり、神の生命に貫かれている」として、いたるところに神がいるという考えであります。

天上の愛にもとづき神の美を観照できるプラトンの道

マルシリオ・フィチーノの主な関心はプラトン主義でした。フィチーノの主著『プラトン神学』はプラトン哲学とキリスト教神学の結合を主張しました。彼によれば、異教の哲学者もまたキリスト教が示す真理を部分的にではあっても保有していました。

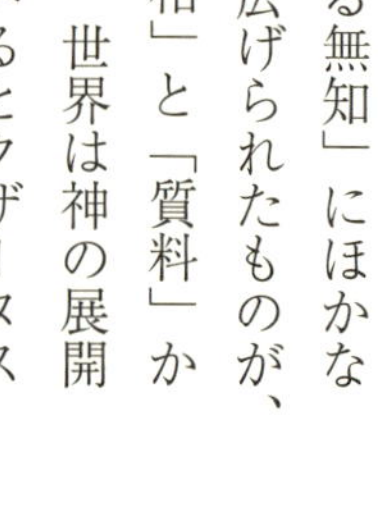

平凡社ライブラリー

キリスト教は初めにロゴス（ことわり）があり、このロゴスはキリストであると言いますが、古代人もロゴスのことを神の子と呼び、それを理性や言葉と呼びました。彼らがこうしたことを述べることができたのは、神の助力があったからであり、神は古代人にも啓示をしていたと説きます。フィチーノによれば、異教の哲学者がキリスト教に似た説を唱えたのは（これは歴史的には間違いですが）彼らが旧約聖書から知識を得ていたからであり、プラトンは旧約の秘蹟を詩的な寓話に込めた「ギリシア語を話すモーゼ」にほかなりません。

フィチーノによれば哲学者は神の観照によって智者となり、神の善への愛に燃えて宗教者となります。宇宙を構成するものは『プラトン神学』では神、天使的知性、魂、質料、物体だと語られています。神、天使的知性、魂とフィチーノが呼んだものはプロティノスの一者、ヌース（叡智）、魂《プシュケ》をキリスト教的に読み替えたものです。フィチーノによれば異教の天の神を意味するカエルス（Caelus）が至高の神を意味し、プラトンの言う天上の美の女神が天使的知性の理解力を、世俗の美の女神が宇宙の魂の産出力を意味します。天のウェヌスがつかさどる天上的な愛は神的な美の観照へ人を促すと言います。世俗的な愛から天上的な愛に目覚めた魂は、一そのものである神の無限の美に到達します。フィチーノが言うには、人は愛の導きによって恵み深い神全体を感得し、愛の炎によって万物を愛し、永遠の愛によって神全体を受け取るのです。神への愛によって結びついた人々の友愛をフィチーノはプラトン的愛と呼んでいます。このようにマルシリオ・フィチーノはプラトン、プロティノスの教説をキリスト教の神の美への観照と結びつけた人文主義者でした。

Marsilio Ficino
フィチーノ（*1433–1499*）

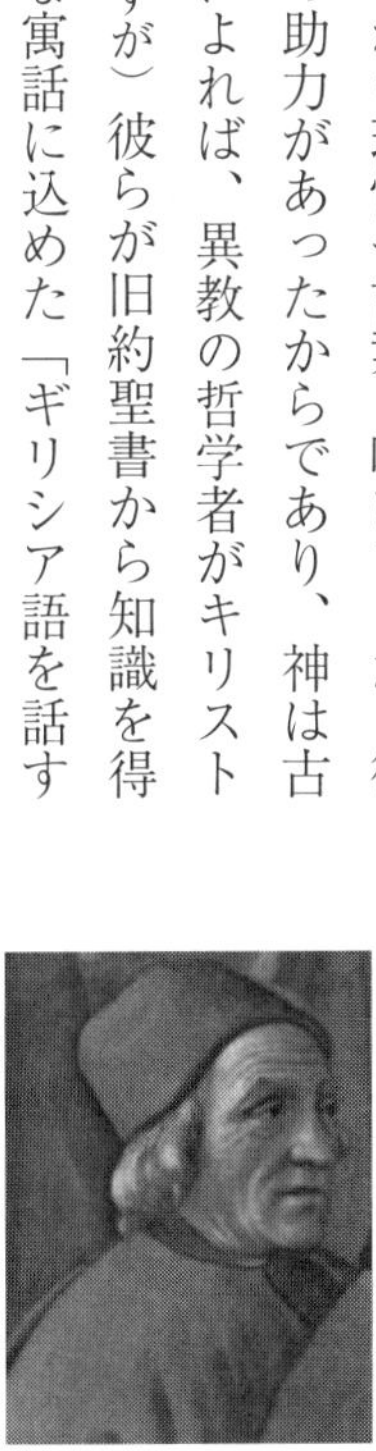

『プラトン神学』

感覚と理性と叡智それぞれを行き来するのが人の両翼

アリストテレスの影響から出発し、新プラトン主義の世界観を加えたピコ・デラ・ミランドラは世界を地上界、天界、霊界の三つに区分けします。生き物の住む地上界は月のもとにあって暗く、天界は霊のいる星辰《せいしん》の世界で明暗があり、天使と神のいる霊界という光の世界があります。三つの世界は感覚的な生、理性的な生、叡智的な生に対応し、人は自由ゆえにこのいずれにも出入りできる特別な者で、その意味で一人一人が小さな宇宙だとピコは考えます。創造のときに神は地上界に生物を作り、天界には霊を住まわせ、霊界には天使を住まわせました。そのあとで神は世界の調和と美を感嘆する者を創ろうと欲し、神自身をモデルに人間を作り、被造物が持つすべての性質を与え、各世界を出入りする特別な自由を与え、世界の中心に据えたとピコは言います。それゆえ人は獣の生にも天使の生にも出入りでき、一なる神との合致にも至りうるとピコは言います。ここにおいてキリスト教と新プラトン主義の同化がくふうされています。ピコは神とは一者であり存在そのものであると言い、「最高の善なる存在」を頂点に考えるプラトンの説とアリストテレスの「神は一者であり不動の動者である」という説の橋渡しをして、それらと神学との融合すなわち「哲学的な平和」の実現を図りました。

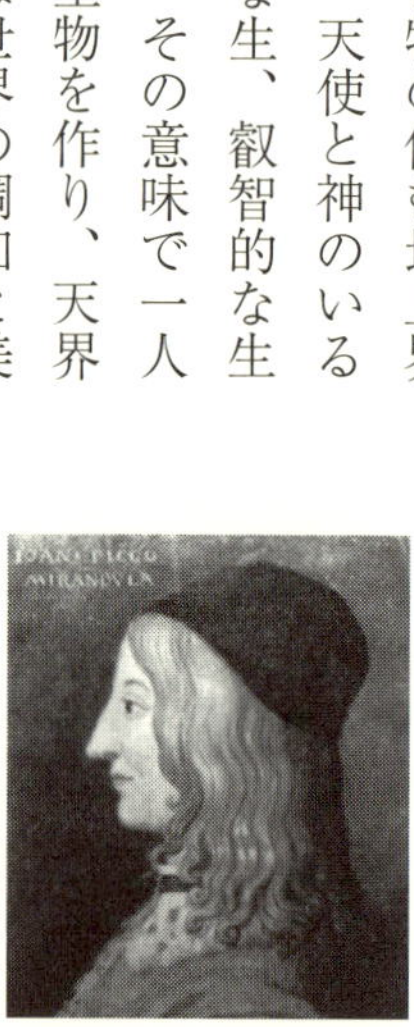

Pico della Mirandola
ピコ・デラ・ミランドラ（*1463–1494*）

知ることを妨げる罠を乗り越えて事例を集め法則をつかむ

フランシス・ベーコンはイギリス近世の経験論哲学を切り開いた人です。経験に根差した知識をもとに考えていこうという経験論哲学はイギリスで発達しました。ベーコンの哲学は後の自然科学の方法を予見するものでした。ベーコンは学問の「大刷新」という巨大な書物を構想しました。「大刷新」は来るべき学問の分類や方法を論じる本で、アリストテレスを越えようとする壮大な書物となる予定でした。けれども完成したのはその中の『学問の進歩』と『新機関』だけでした。『学問の進歩』で記

Francis Bacon
フランシス・ベーコン（*1561–1626*）

憶は史学になり、想像は詩学になり、理性は哲学になると言い、精神の三機能で学問の三分類をしています。そして、史学、詩学、哲学に当てはまる細かい学問分類をしています。彼は哲学を自然神学と自然哲学に分け、そのうち理論的な自然学を自らの課題としました。

ベーコンの『新機関（ノヴム・オルガヌム）』はアリストテレスのオルガノンすなわち論理体系に対抗する新体系というほどの意味で、アリストテレスの論理学とは異なる新たな方法を提示しようとしました。それに先立ちベーコンは学問の妨げになる四つの偶像（イドラ）として、有名なイドラ論を述べています。

第一は「種族の偶像」で、人間という種族に特有の認識能力や感情の限界から来る偏見です。人間にはどうしてもそう見えてしまうという、人に共通の偏見です。第二は「洞窟の偶像」で、狭い洞窟に居て外が見えない、個々人の偏り、生まれ、育ち、境遇から来る偏見です。第三は「市場の偶像」で、市場でのやり取りになぞらえた言葉の取り違えや恣意的な意見などの偏見です。第四は「劇場の偶像」で哲学史の舞台で繰り広げられる学説上のドラマを真実と取り違えるという偏見です。哲学者が哲学史を劇場のドラマと風刺する、何とも手痛い皮肉です。

ではこれらの偏見を乗り越えた新しい学問とはどのようなものだとベーコンは考えていたのでしょうか。ベーコンは知恵こそが人間の力であると考えました。そしてベーコンは、「自然はそれに従うことにより征服できる」と言いました。これは、自然をありのままに知ることで、初めて理解できるということです。

自然現象の観察と実験により、自然の原因を知ることを彼は目指しました。彼は原

イドラ論

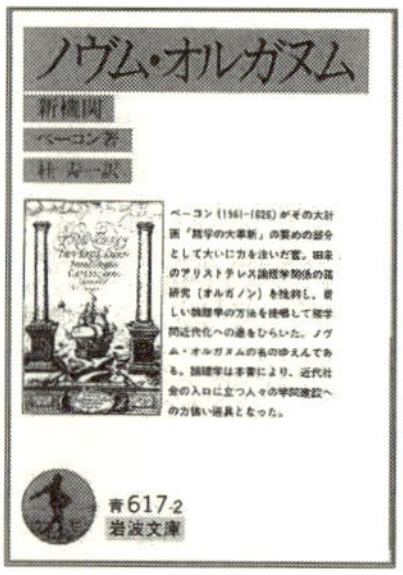

岩波文庫

因のうちでも形相因すなわち種類の特徴を重視しました。彼は事例をたくさん集めて比較検討して特徴を取り出すという帰納法を科学にふさわしい方法と考えました。

彼の方法を知るのに役立つのが探究のための三つの表です。第一は現存表と言って、熱を知るためには太陽や炎など熱が実際にある事例を集めた表を作ります。第二が欠如表と言って、熱の場合、熱のない例、氷や零下を挙げます。第三は「比較と程度の表」と言って様々な例の関係を、水は熱を失うと凍るなどと挙げていきます。この表を検討することで、熱という現象の特徴を取り出せるとベーコンは考えました。ベーコンはアリストテレス的な形相を求める、種類の特徴を求めるという意味で中世的な学問を引き継いでいますが、経験と観察によってできる限り少ない法則を取り出すという帰納法の基礎を固め、自然科学の地場作りの仕事をしました。ベーコンの方法には量的にものを計って法則を得ようという視点が欠けていますが、帰納法の科学への適応に寄与しました。

万人がその戦いを放棄して自分の権利を国に預ける

トマス・ホッブズは自然、人間、社会を因果関係に基づく機械論的な方法で理解して、単純な事実から出発して複雑な社会を説明することを試みました。自然を運動に還元し、人間を外界への反応としての感覚の運動である心像とその連結である思考で説明しました。人間は感覚の作り出す心像に名前を与え、複雑な思考操作が可能になりました。外界の経験を重んずるという意味でホッブズはイギリス経験論の系譜にいます。さらに、自然の運動、人間の感覚の運動のうえに人間相互の社会的運動の作用を説明しようとして、主著『リヴァイアサン』は書かれました。リヴァイアサンとは旧約聖書に出てくる最強の水棲動物の名まえから取った国家という怪物を表す呼び名です。自然状態の人間を想定すると、「万人が万人に対する戦争状態」で「人は人に対して狼」だとホッブズは言います。それぞれが、他をしのぐ快楽を求めて争い合い、殺し合います。けれども生きることは人間の権利であり、自己保存が最優先される自然権を放棄して、契約によって人は君主や議会や国家に権利を譲り渡します。そこで生まれる権力が個人の生存権を保障します。こうして契約により国家は成り立っているという説をホッブズは説きます。国家を誰もが利用する「郵便局」のような機関と考え、国家をシステムと考える市民社会の骨格をホッブズは示しました。彼の考える理想の国家は絶対君主制でしたが、彼の契約の理念は三権分立や議会政治の成立を先取りしています。

生まれつき持つ観念は何もなく白紙の心に感覚が刻む

ジョン・ロックはイギリス経験論の父と言われています。彼はあらゆる知識や思考の源泉は感覚であると説きました。そして生まれつき持っているような観念はひとつもなく、生まれたばかりの心は白紙の紙だと言いました。これは後にロックのタブラ・ラサ、何も書かれていない板として有名になります。

彼はすべての観念は感覚と内省から生じると言います。観念には色や匂いや意志な

Thomas Hobbes
トマス・ホッブズ(*1588–1679*)

岩波文庫

どの単純観念と、永遠や無限や時の流れなどの複合観念があります。複合観念は様相、実体、関係の三つに分かれると言いました。様相は事物の有様、実体は、物がそこに有るという確証、関係は事物どうしの絡み合いです。単純観念のうち、幅を占めていること、運動、固さのような物それ自体にかかわる性質を第一性質とし、色、音、匂いのような単一の感覚から成る第二性質とを区別しました。伝統的に重要視された、「物が確かにそこに有る」という実体の確証も単純観念の複合体に他ならないとしました。

知識や思考の源泉を感覚という経験に還元したジョン・ロックの観念理論は『人間知性論』にまとめられ、経験論の堅固な土台を築きました。

John Locke
ロック（*1632–1704*）

経験論

有るということは知覚をされること知覚の外は人に知り得ぬ

ジョージ・バークリはイギリス経験論のジョン・ロックの観念理論をさらに徹底し、『人知原理論』の中で、「有るということは知覚されることだ（エッセ・エスト・ペルキピ）」という説を説きました。

私の目の前にあるこの机は、私によって知覚されることで存在することが確かめられます。私がそこに居ないとき、誰かが知覚しています。誰もいないとき、神が知覚しています。ここで神を出してくるのは苦肉の策でしょうか。

知覚の外に物質や実体はなく、仮にあったとしても知覚の外へ出ることはできず、心の外を述べることは空論です。外界の存在は観念の中にあるのです。ジョン・ロッ

George Berkeley
バークリ（*1685–1753*）

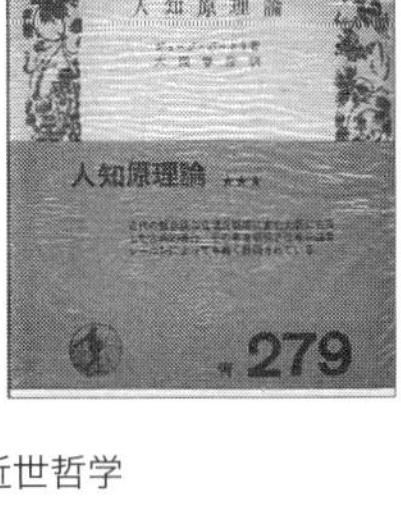

岩波文庫

クが行ったような、幅を占めること、運動・固さのような実体にかかわる第一性質と色、匂いなどの第二性質の区別も無用であると考えました。心の外に実体があるという考えそのものが無用であるからです。

有るということは知覚されることであるというバークリの徹底した経験論は、外界の存在を無条件に認める人々に大きな疑問符を投げかけました。

「有るということは知覚されることだ」

バークリは知覚によって知り得る精巧な世界の中に、全てのものの中に働いて全てのことを行う神の精神の働きを認めました。その意味で無信仰とはほど遠い、心のなかの万有に神は宿ると考えた聖職者でした。

外界も内にも堅固な基盤なく心はまさに知覚らの束

デヴィッド・ヒュームは徹底した懐疑論者で知られています。ロックは外界の実体と心の実体を認め、バークリは外界の実体を認めず、心の実体のみを認めましたが、ヒュームは外界にも心にも実体と言われるものはないと語りました。

ヒュームは心に現れる知覚を印象と観念に分けて説明しました。印象と観念の違いは、刺激の鮮烈度の違いだとしました。印象が観念を作り、観念も印象を作ります。この二つの区別に、単純か複雑かという違いを加えて心を説明しました。

ヒュームによれば、心は知覚の束、または集合体に還元できます。心は絶えず移り変わる知覚の寄せ集めだとヒュームは考えました。

David Hume
ヒューム（*1711–1776*）

またヒュームは原因と結果の必然的な結びつきを否定しました。原因と結果の結びつきは、経験的にそうなるという積み重ねから来る信じ込みであり、決して必然が働いているのではないと考えました。因果律の否定は伝統的な哲学の思考の前提を大きく揺さぶるものでした。

道徳的には理性は情念を支配できないが、理性の抑制的効果は認めると考えました。ヒュームにとって道徳は広範囲に及ぶ他者への共感という人類が持つ経験的な道徳感覚に由来しています。

疑ってすべてを疑い尽しても疑っているわれは消えない

ルネ・デカルトは「われ思うゆえにわれ有り」という言葉で有名です。これはデカルトの『方法序説』の中の決定的な言葉です。デカルトは、町を一から区画するように、家を丸ごと建て直すように、頭の中の建て替えをしよう、諸学の基礎は哲学なのだから、哲学の考えを一から洗い直そうとしました。世間的には中庸とされる意見を表向きは採用して、生活に支障がないように注意しながら、デカルトは徹底した方法的な懐疑を行いました。人は間違えることがあり、夢のなかでは奇妙なことも当たり前に思い込むのだから、自分が夢の中にいるのではないと言い切れない以上、今まで信じてきたことは、全てを疑わしいものとして退けようと決心しました。そうやって全てを疑い尽しても、その疑っている何者か、すなわち私の考えは消えることがありません。だから、われ思う、ゆえにわれ有り、は疑いようのない事実に思われました。デカルトはここを疑い尽したあとの砦《とりで》と考えました。疑っている私は疑いなくいる。

中公クラシックス

René Descartes
デカルト（*1596－1650*）

人間の思惟の実在は疑いようがない。それからデカルトは神のことを考えます。より完全なものは、無からも自分からも生まれえないのではないか。より完全なものが考えうる以上、それは無でも自分の創作物でもなく、確かに存在する。デカルトは伝統的な神学の思考に従い、神の存在は証明されたとします。この神が欺く欺瞞者《ぎまんしゃ》だとは考えにくいので、理性によって明晰かつ判明に真であると認められるものは、真として妥当ではないか。ということで、数学の定理や、外界の物体の存在は今や認めても構わないと思うに至ります。

神のことを別にすれば、この世に実在するのは、「われ思う」のわれの考え（思惟）と物体の空間的広がり（延長）の二つに還元できるとデカルトは言います。物心分離、物心二元論が打ち立てられます。こう敢えて言うことで、「物の観念的なモデル」のような伝統的な哲学の物と心の混同を断ち切りました。世界の根本は物心分離ですが、人間に目を転じると、物質としての体を持ち、考える心を持っていることも認められます。だから人間に限っては物心合一的な存在だと言えるでしょう。ここで人間が再発見されるわけです。「われ」の考えと数学的に説明できる物質の空間的な広がりの実在を宣言したことで、西洋哲学は科学的思考の基礎を手に入れました。デカルトは近代科学の基礎を切り開きました。

人間と自然は神の様態で神は自然の隅々に有る

オランダに移住したユダヤ人のスピノザの『エチカ』によれば、自然は神という実

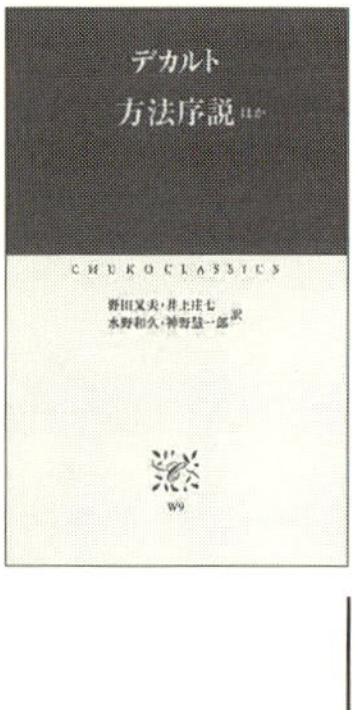

中公クラシックス

「われ思うゆえにわれ有り」

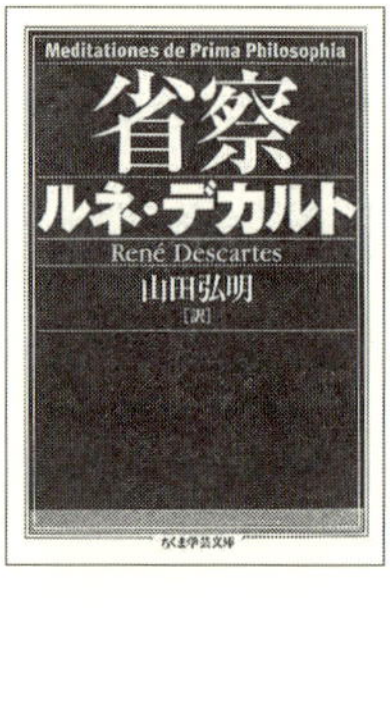

ちくま学芸文庫

体の様態です。神以外に実体はどこにもありません。神こそが自らの自己原因であり、能動的に存在することを本質としています。神以外のものは、神から生まれた、神の様態です。人間を含めて自然は神の様態です。自然すなわち神という汎神論をスピノザは展開します。神の人が知り得る属性は思惟と延長です。神は考え、無際限に永遠に場所を占めている、すなわち延長しているとスピノザは考えます。神の延長はすなわち全宇宙です。

神は自然を超越しておらず、神は自然に内在し、自然の根本原因であります。神は万物の姿に様態を変え、自然のなかに神は様態として偏在します。神の属性として思惟と延長を持って来たのは、実体を思惟と延長としたデカルトの影響です。人間の思惟（考え）と延長（身体）は、神の思惟と延長の様態です。思惟の観念の対象は身体や延長物であり、心身は平行して神の様態として成り立っています。思惟のなかでは想像知が劣り、知性と直観知が優れています。

人間の至福は神への知的愛です。それは自然の個物や自己の本質をよく知ることで、個物や自己の本質が神に由来するものであることを知り、「永遠の相のもとに」神を愛するに至ります。神への知的愛が人間にとっての救済であり、解脱であります。人間は自然の一部であり、自然にとってすべては神の必然です。人は理性によって、神の必然を自然から学び、自然の必然に満足して生きることを学びます。

人は神を知的に愛し、神は自己愛の一部として人間を愛して止みません。愛し返されることを期待してはいけませんが、神は神自身を愛するがゆえに、神の様態である人間も愛しています。スピノザの神は人格神ではなく、能産的自然であり、真の存在

Baruch De Spinoza
スピノザ（*1632–1677*）

汎神論

中公クラシックス

者であり、万物の根本原因です。自分以外に原因を必要としないのは神だけで、万物は神という原因の上に成り立っています。スピノザの考え方は、主知主義的な汎神論と言われています。

散らばった窓を持たない単子たち自発作用で調和している

G・W・ライプニッツの『単子論（モナドロジー）』によれば、絶対的な実体は神であり、神の創造によって有限な微小な実体としての単子（モナド）がこの世界を構成しています。

この単子はそれぞれに異なっていて、変化への欲求や自分をあらわす表象の力を持っていて、ひとつひとつの単子の中に全宇宙を映す力が内在しています（モナドは宇宙の鏡）。単子は別の単子の介入を受けず、何物かが出たり入ったりする窓を単子は持ちません。単子は個々の自発作用によって動いていて、全体として宇宙では神があらかじめ決めたやり方で単子どうしの動きの調和が保たれています（「予定調和説」）。単子はそれ以上分割できない極小の実体です。

神の創造と終末以外には単子を生じさせたり消滅させたりすることはできません。神は無限な実体であり、単子はその存在を神に支えられた有限な実体であります。単子は変化への欲求と自己をあらわす表象作用を持っており、広い意味で単子は魂に似たものです。けれども厳密に魂を持っているのは人間と動物だけであり、それは記憶や意識を持っています。単子が神の意志に逆らって消滅しない以上、単子は永続的で

Gottfried Wilhelm Leibniz
ライプニッツ（*1646－1716*）

『単子論（モナドロジー）』

中公クラシックス

あり、厳密な意味での死というものはありません。

　このように宇宙の万物は単子によって作られていて、宇宙は神の決めたやり方で調和しているという説をライプニッツは説きました。デカルト、スピノザ、ライプニッツの三人の哲学を大陸合理論というふうに呼んで、イギリス・アイルランドの経験論哲学とともに近世哲学の二本柱と考えられています。

生まれつき理性によって何ができまたできないか洗い直そう

　エマヌエル・カントは理性批判ということを試みます。『純粋理性批判』は理性を批判するのではありません。理性に何ができて何ができないのか、その範囲を見極めようというのです。経験から得られるものを全て度外視したとき、理性を用いてどれだけのことができるのか書き記そうというのです。生まれつき持っている認識能力を吟味するというのです。生まれつき持っている純粋理性を見極めることはあらゆる哲学の確かさの基準になります。生まれつき持っている悟性（理解力）および理性は、一切の経験に関わりなく何をどれだけ知り得るかを問い直そうというのです。私たちが物を何の知識もなく理解するのは対象が生まれつき知り得る概念に従って頭に入るからです。このように先天的な能力で知り得るのは私たちが見聞きする現象であって、それは物それ自体をじかに知ることではありません。物それ自体は知り得ず、感性的直観の的となるのは現象としての物なのです。私たちの知る力は対象が呼び覚ます経験から生じるのではありません。

Immanuel Kant
カント（*1724–1804*）

では理性はどのような認識の原理を生まれつき持っているのでしょうか。延長および形態という空間を知ることがまず、理性による純粋直観に数えられます。空間がまったく存在しないと考えることは絶対にできません。空間の直観は一切の経験の前に先天的に私たちの心に備わっています。これこそ、対象を外にあるものとして知る基礎となります。次に考えられる理性の純粋直観とは、時間というものです。

時間は経験から導き出されたものではなく先天的に理性に与えられているものです。時間と空間は二つの先天的な認識の源泉です。空間と時間の純粋直観を軸に、理解（悟性）の枠（カテゴリー）が成り立ち、論理学の思考が可能になります。このような論理学は先天的な能力で成り立っています。

カントは純粋理性から出発して、実際の行為の良し悪しを規定する『実践理性批判』を書きます。そこでは真に道徳的な行為は義務から意志によってなされなければならない、という考えが展開されます。続く『判断力批判』によれば、人や動物のような有機体は自然の産物であり、各部分が有用な全体を成すため、合目的に作られています。そのように自然が作られていることから、反省的判断力は叡知的存在者＝神の創造を確信します。創造の究極目的は道徳法則のもとに立つ人間であり、実現が期待される最高善だとカントは考えます。

神という精神が自己を顕わして歴史のなかで展開をする

『精神現象学』のなかでG・W・F・ヘーゲルは、感性で「いま、ここ、これ」を捉

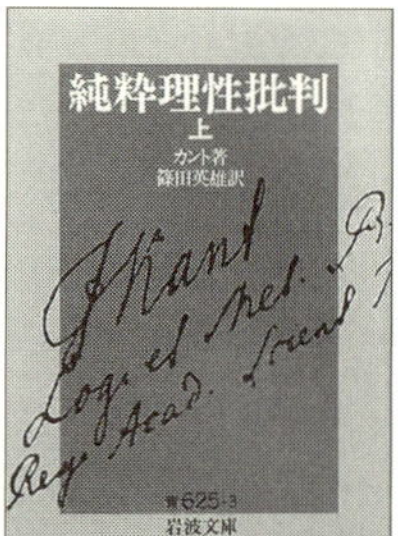

岩波文庫

える意識の出発点から、絶対者である神を知る、絶対知までの道のりを辿《たど》ります。この道を意識は小説の主人公のように、自ら成長しつつ辿って行きます。意識がどのような考えによって何を知るかに応じて、知性のあり方が変化して行きます。個人の意識の遍歴が、人間精神の歴史に重ね合わせられて、論じられます。

個人の意識の発達と同じく、歴史は絶対精神である神の自己展開の場でもあります。ヘーゲルは神の自己意識が人間の神意識と等しく、神にとっての人間の自己意識にも等しいと考えます。神が自分を自己認識することが、人間が神を知る歴史であり、人が神という絶対知に至ることでもあるのです。神は自己を分裂させて自己とは別の物となり、主体として自己を改めて知り、自己を回復します。哲学は意識を神の知という絶対知へ導く、真の精神すなわち神の自己展開の場であります。

神は歴史と哲学の場において自らを開示するとヘーゲルは考えます。歴史がナポレオンに至り、哲学がヘーゲルに至る時点で神の自己展開は頂点に至ろうとしているとヘーゲルは考えていました。

単独で実人生の方向を選び取りつつ絶望を抜ける

デンマークのコペンハーゲンに生まれたセーレーン・キルケゴールは単独者、例外者として生きた哲学者です。キルケゴールの著作『イロニーの概念について』では、ソクラテスは皮肉屋という生き方を選び取った人物であり、絶えず物事に対してほんとうにそうかと問い直し続けた人物でもあって、自分はそこのところがロマン派の世

George Wilhelm Friedrich Hegel
ヘーゲル（*1770－1831*）

平凡社ライブラリー

間への離反と通じるようで好きであると言います。加えて、「不安と絶望に向き合うことで、人は自分らしく生きて行く道が開ける」という見方がキルケゴールにはあります。世間と折り合いをつけずに、不安と絶望に向き合って単独者として生きようとするのです。

また、『反復』という著作は、婚約を破棄したキルケゴールが恋人レギーネとの恋をもう一度やり直そうという希望を込めて書かれた本です。反復とは、日々を新たに生き直そうとする願いです。自分が望まなくても、人の暮らしのなかで何度も同じものがひょっこり顔を出すということもあるから、「人生のなかの反復」というのは考えてみると広がりのある切り口です。

さらに『不安の概念』では、不安とは「自由のめまい」だと言われています。それから、不安や絶望に向き合うことで自分に目覚める、とも言います。これはハイデガーの『存在と時間』に影響を与えました。

主著『死に至る病』は、絶望の考察です。抽象的な観念ではなく、絶望という、一人一人の現実の人生（実存）に根を下ろすテーマを取り上げたという意味で、彼は実存主義の先駆けと見なされています。死に至る病とは絶望であり、絶望と向き合うことで自分らしい生き方を探しはじめるのです。ここまでは、ハイデガーに影響を与えた話の運びです。それに加えて、キリスト教的な着地点が見出されます。絶望とは神への罪である、信仰に救いがあると結論づけます。キルケゴールの文章は、「詩人とは罪である」とか、「真理とは主体性（自分で選び取った人生の決断）である」とか、単独者の旅と追憶が生んだ断言が光っています。これもまた、キルケゴールの持ち味です。

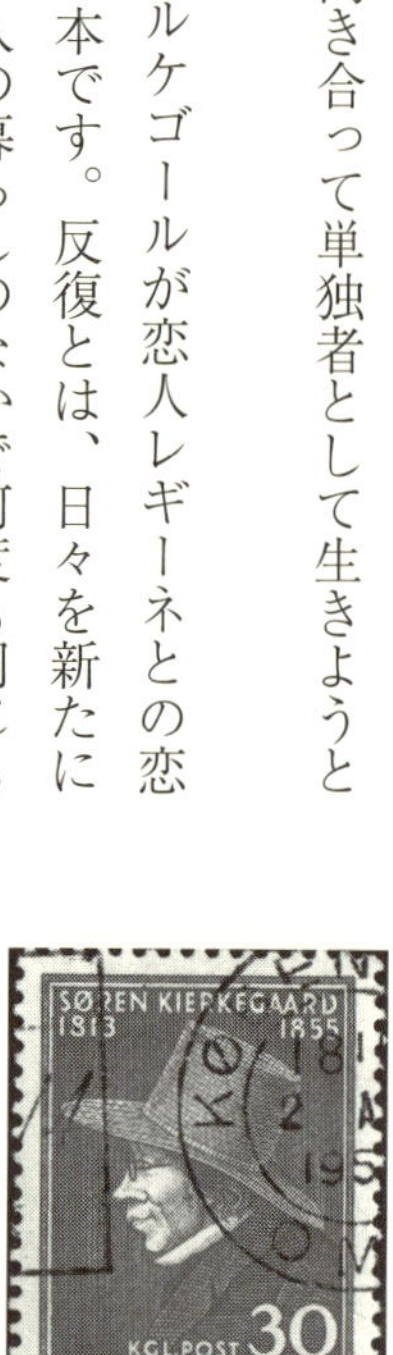

Søren Kierkegaard
キルケゴール（*1813–1855*）

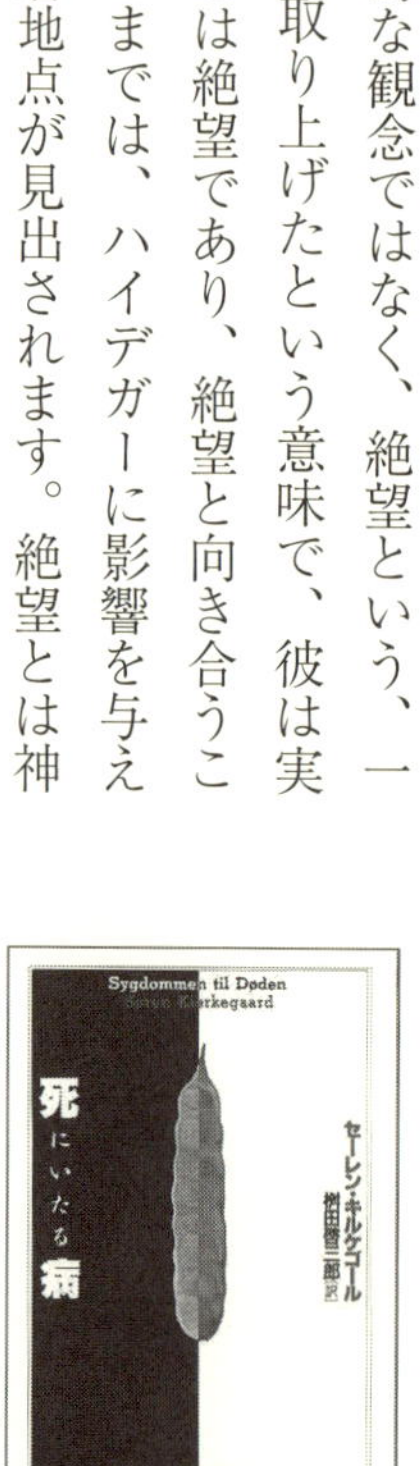

ちくま学芸文庫

現れるこの世の中の本質は生を目指した盲目な意志

アルトゥール・ショーペンハウアーの主著は『意志と表象としての世界』です。これは若きショーペンハウアーが多分に直感に基づいて書き上げた大著です。それでは「意志と表象としての世界」とは一体何でしょうか。著書の初めでショーペンハウアーは「世界は私の表象である」と言います。これは、知覚によって私に現れてくるものが世界であるということです。私が意識で知り得ることが私の世界であるとも言えます。

これだけでも大きな断言ですが、ショーペンハウアーはさらに言います。表象としての世界を貫いている根源があるというのです。世界を根底から成り立たせている根源は意志だと言うのです。表象であるこの世界は本質的に、自己を増大し、維持しようとする闇雲な生への意志によって貫かれているとショーペンハウアーは言います。万物が自己を増大し、維持しようという意志に貫かれている。意志こそが世界を成り立たせている根本的な力です。カントは主観の外にある物それ自体は知り得ないと言いましたが、ショーペンハウアーは物それ自体とは意志であると言い切ります。

万物が自己の増大と維持のためにせめぎ合い争い合っているこの世界は、考え得る限りで最悪の世界だとショーペンハウアーは言います。その意味でショーペンハウアーは極端にペシミズム（悲観主義）的な哲学者です。各自の意志による闘争が世界の本質です。生とは苦しみ以外の何物でもありません。生きとし生けるものが互いに

Arthur Schopenhauer
ショーペンハウアー（*1788－1860*）

中公クラシックス

相手の苦しみに共感する、そのことが倫理の原点になります。他者の苦しみへの共感、すなわち共苦が何をなすべきかの基本となります。これがショーペンハウアーの倫理学です。生の苦しみから逃れるには二つの解脱の道があると彼は言います。一つは芸術による美的な法悦による解脱の道、もう一つは生への意志を諦めることによるいわば宗教的な解脱の道です。インドのヴェーダ聖典に影響を受けたショーペンハウアーは、涅槃《ねはん》に至る解脱の道を最終的な解決策としました。世界を生への意志として捉えたショーペンハウアーはキルケゴール、ニーチェとともに、生の哲学の提唱者と言えます。

人間は乗り越えられる生き物だ　その超人の到来を告げよう
万物はみな自らを乗り越えてより強くなる意志を備える
繰り返しこの人生を生きたいと言い切れるほど強く生き切れ
行く道と今来た道は輪になって繋がっている耐え難き永遠

苦楽を経て歓喜に至るディオニュソス的な生こそ、ギリシア人の示したあるべき生き方だとフリードリヒ・ニーチェは言います。ディオニュソス的な生を表現するためにアポロン的な明朗な造形美が悲劇では活用されたのです。ギリシア人が示したディオニュソス（生の陶酔）的なものとショーペンハウアーが示した生への意志を重ね合わせ、それを肯定したところに、ニーチェの『悲劇の誕生』の独創性はあります。『道徳の系譜』や『善悪の彼岸』によれば、この世を否定してあの世（イデア界、天

Friedrich Wilhelm Nietzsche
ニーチェ（*1844–1900*）

国）に価値を置くプラトニズムやキリスト教などの既存の道徳は弱者による怨み（ルサンチマン）に基づく価値転覆の試みであり、ニーチェは今や神は死んだ、と説きました。神という絶対者の死のあと、何の目的もなく、正しいものは何もないというニヒリズム（虚無主義）の時代を私たちは生きています。このニヒリズムの乗り越えとなるのが、永劫回帰と運命愛、それに超人の到来です。

永劫回帰とは、一切は過去に無限回繰り返されてきたし、一切は未来も無限回永遠に繰り返され続けるという一種の啓示です。その人生一切を無限回繰り返すことにお前は耐えられるか、とニーチェは各自に問いかけます。永劫回帰の思想は生々流転のこの世界、生成の世界に永遠の刻印を押すものだとニーチェは言います。この人生を苦楽も含めて肯定し、よし、もう一度、と言えるぐらい強く生き切れとニーチェは言うのです。ニーチェは苦楽をディオニュソス的に肯定する「運命愛」を来るべき価値とします。

ニーチェによれば万物にはさらなる強さを目指す力への意志があります。すべては力への意志に従っていて、この世界の根底のあり方は力への意志だとニーチェは言います。人はこの力への意志に根差したディオニュソス的な人生の肯定を何度でも選び取る超人の到来を祝福すべきだとニーチェは考え、『ツァラトゥストラ』の主人公ツァラトゥストラにその超人のイメージを託して美しく語りました。主著となるはずの『力への意志』の断片を残してニーチェは正気の世界から遠い人となって晩年を送りました。

新潮文庫

「今や神は死んだ」

永劫回帰の思想

力への意志

中公文庫

宇宙とは意識のように留まらず流れ続ける生の跳躍

アンリ・ベルクソンは『時間と自由』のなかで物理的な時間とは空間化され数量化され、記号化された時間だと言います。それに対して生きられた時間とは意識の流れだと言います。生きられた時間、すなわち意識の流れはこころが絶え間なく作り出しているものです。こころは物理的な因果関係には支配されず、一瞬一瞬動いて絶え間なく生まれ変わっているものです。このこころは決定論では捉えられません。決定論だけでなく一般に分析的な知性は絶え間ない意識の流れを捉えきれません。こころの

Henri Bergson
ベルクソン(*1859–1941*)

なかで絶えず変化しているこの世界を実際に生き、意識の流れに即して行動することが大切です。生命の動きを捉えようとする哲学、動きについての哲学をベルクソンは切り開きます。

『物質と記憶』のなかで知覚された物質をイマージュと呼ぼう、この世界は人間の知覚にとっては運動を続けるイマージュの集まりなのだとベルクソンは言います。身体とは知覚をシュミレイトする能力、つまりは想像力を持っています。この想像力によって人は未来の行動を想定し、選択することができます。自分の身体も人にとっては知覚された物質であり、イマージュとして与えられています。

自分の身体は人にとっては世界の中心となります。脳は情報を集めて各器官に分配する電話局みたいなものです。脳を過大評価しないで身体システム全体として人間を捉えます。では意識とはどのようなものでしょうか。意識とは純粋な物質の知覚と記憶および感情や直観です。人間は断片的な知覚の束を記憶と直観によって持続的なものと感じるのです。知覚対象としての物質と精神の違いは物質が現在的なものであるのに対し、精神が記憶と想像力すなわち過去と未来を持った持続なのだと考えて、物質と精神とは人間にとっては同じイマージュとして連続的なものだと捉えています。『創造的進化』では、宇宙は意識と同じように流れていると言います。宇宙は後戻りすることなく、絶えず生まれ変わりながら流れています。いわば宇宙は創造的に進化しているのです。生命はシャワー状に拡散して進化してゆきます。個々の生き物を越えた宇宙的な生命力が進化を促しています。知性は生命を捉え尽くすことができません。人は直観によって生き物の命を内側から経験することができます。生命とは物質

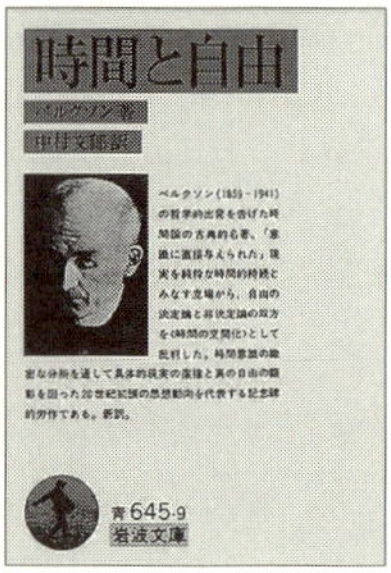

岩波文庫

『物質と記憶』

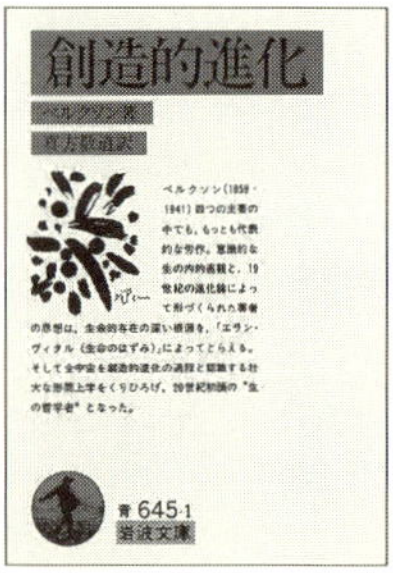

岩波文庫

のエネルギーの運動が生み出したものです。物質と意識は異質ではなく、意識は物質の運動の場所です。生命を全体として見ると、個々の生き物を越えた生命を突き動かしている意識があります。生命全体を貫いている意識は絶え間なく動いていて、絶えず生まれ変わってゆくものです。

生命には個別的に見ても、全体的に見ても絶えず現在を乗り越えてゆく生の飛躍（エラン・ヴィタール）があります。そして人間にはとりわけ美的直観があって、この美的直観によって人は自分以外のものを内側で体験できるのです。人は直観と知性を調和させることで世界を捉え直すべきだとベルクソンは言います。

『道徳と宗教の二つの源泉』のなかでベルクソンは閉じた社会の閉じた宗教と開かれた社会の開かれた宗教について語ります。閉じた社会の閉じた宗教というのは、社会を守るための掟が支配する宗教です。それに対して開かれた社会の開かれた宗教というのは人類というものに開かれた例外的な神秘家が現れて、愛による飛躍を掟の支配する社会に与え、神との一体化を成し遂げ、人々が自発的にそれについて行くような宗教を指しています。具体的にはキリスト教神秘主義にその到達点をベルクソンは見ています。

『道徳と宗教の二つの源泉』

経験で認められうる原子的事実を言葉が写し取れるはず

バートランド・ラッセルが言うには、世界は分離できる事物、性質、および関係の集まりと見做すことができ、この原子的事実（アトミック・ファクツ）を、それ以上分

Bertrand Russell

ラッセル（*1872–1970*）

解できない単純な原子命題で写し取り、表現できると考えて、それを論理的原子論と呼びました。

ラッセルは複雑な文は原子命題へと分析でき、それと対応する原子的事実には実在性がある、と言いました。原子的事実の実在は、経験から得られるセンス・データ（感覚所与）によって妥当性が確かめられるとラッセルは考えました。ラッセルは、言語分析によって日常的な経験世界の実在を擁護しようとしました。経験世界は仮のものに過ぎず、絶対者＝神だけが実在するという伝統的哲学の主張に、言語分析を武器にして果敢に反論を試みたと言えます。ラッセルはその後の哲学に、言語の論理的分析の重要性を気づかせ、経験から来るセンス・データと論理学を結びつけた哲学者でした。絶対者のみが真に実在するという伝統的哲学の風車へ、論理学の槍を手に馬で挑みかかるドン・キホーテとしてのラッセルの姿は哲学史のなかでも印象的です。

語りえぬことについては沈黙し口を閉ざしてそっと見守る

ルートウィヒ・ウィトゲンシュタインの哲学は前期の『論理哲学論考（論考）』と後期の『哲学探究（探求）』の二期に分けられます。

『論考』でウィトゲンシュタインは現実の言葉による写像理論とラッセルに影響を与えた論理的原子論を展開します。

ウィトゲンシュタインによれば、記述できる対象があり、対象のまとまりが事態を作り出します。成立する事態の総体が世界です。私たちは言葉によって現実の絵を描

Ludwig Wittgenstein
ウィトゲンシュタイン（*1889–1951*）

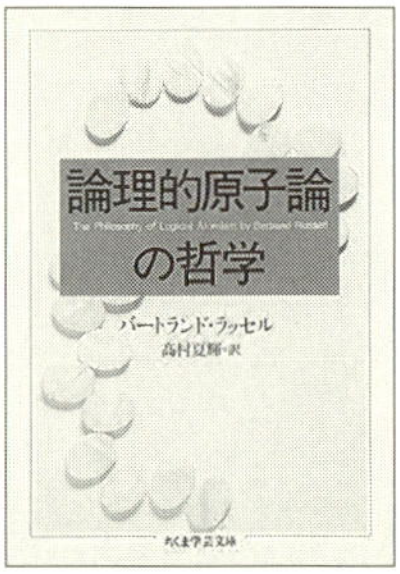

ちくま学芸文庫

きます。いわば論理絵は世界を模写することができます。事実の論理絵は思考のことです。命題は現実の絵です。命題が真であり、あるいは偽でありうるのは、それが現実の絵だからです。命題は事態の成立と非成立とを表します。もっとも単純な命題つまり要素命題（原子命題）は、ある事態（原子的事実）の成立を主張しています。真なる要素命題のすべてを枚挙できるならば、世界は完全に記述されます。

『論考』の最後は謎めいた数行で終わります。ウィトゲンシュタインは、世界がどのようにあるかということが神秘的なのではない、世界があるということが神秘的なのである、と言います。さらに、もとより言葉に出せぬこともある、それらは自らを示す。それがすなわち神秘的なものである。語りえぬことについては沈黙しなくてはならない、と『論考』は締めくくります。語りうる領域、言葉による思考が成り立つ領域は記述できますが、成り立たない領域、神秘や価値の領域は厳密な意味では言葉にできず、ただ自らを示すのだから、そっとしておいてあげようというのです。

『論理哲学論考』

言葉とは慣例的で無根拠なゲームのなかで成り立っている

後期の草稿『哲学探究（探求）』でウィトゲンシュタインは言葉の用例は一種の生活様式であり、言語ゲームであるという着想を展開します。言葉の使用、すなわち、「りんご五個」と言って品物をもらう、ニュースを読む、できごとを日記に書く、などは多様な言語ゲームであり、生活様式です。多様な言語ゲームは家族的な類似でくくられますが、単独では成り立ちません。言語ゲームは定義に基づいておらず、慣用で成り立っています。規則がある程度あいまいでもゲームは言葉の現場で成り立って

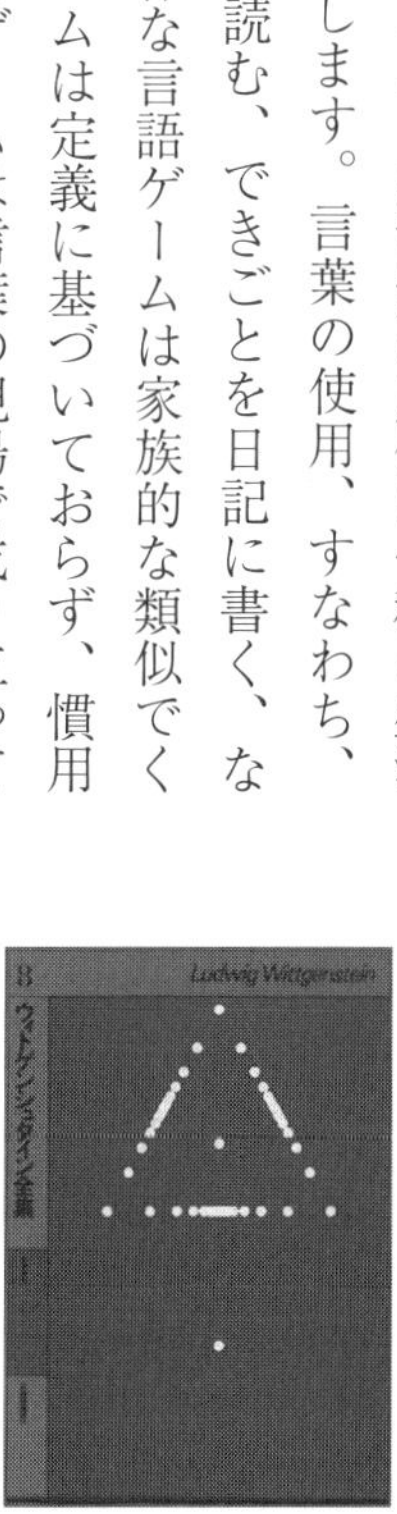

『哲学探求』
ウィトゲンシュタイン全集8／大修館書店

います。言葉の使用は規則に従うのでも逆らうのでもなく、無根拠に行われる慣用から成り立ちます。ウィトゲンシュタインは論理が世界の写像であるという前期の考えを離れて、言葉を無根拠な慣用から成る言語ゲームだと考え、言葉の日常的使用に立ち返って「哲学的な思い做《な》し」の誤りを明らかにしようという立場に立ちました。

ウィトゲンシュタインは「私は痛い」という言葉と、実際の痛覚との同一性は証明しようがないと考え、「私は自分が痛いと知っている」という表明は実感と知識を取り違えた誤用だと言います。実感は確かめようがなく、知識は検証できるものです。

また、私にしか通じない私的言語は言葉が人間どうしの慣用でありゲームである以上成り立たないとウィトゲンシュタインは考えました。ウィトゲンシュタインはある感覚が生じたときにそのつど日記にEと書きつける感覚日記の例を想定し、それはこの記号の適用についての正しさの判定基準を持っておらず、それが正しいときと正しくみえるときの区別ができなくなるから、成り立たないと言っています。そうした言語の使い方は個人的な儀式のようなものだとも言っています。独り言や冗談や日記や詩やノートの落書きのなかで私的言語が成り立つかどうかは難しい問題だと言えます。

ウィトゲンシュタインの後期哲学は日常言語学派によって引き継がれることになる大きな転回点だったのです。

心とは何かに向かう基本的構えがあると言って先行く

フランツ・ブレンターノは、『道徳的認識の源泉について』の中で、心理学は経験に基づき、その対象は心的現象であると考えました。その心的現象に共通の特性は、何かに対する主観的態度に、つまりいわゆる志向的関係にあると言いました。彼の打ち出したこの志向性が、後にフッサールの現象学の中心的な考えとして取り入れられます。この志向的関係を手がかりにブレンターノは心的現象を表象（あらわれ）、判断（是非）、情動（好き嫌い）の三つに分析します。そして道徳の源泉として心に現れる「より良いもの」とは、正当により多く愛されるもの（是とされるもの）であり、正当により多く気に入るもの（好感を得るもの）であると言っています。彼は心的現象の構造を記述する記述的心理学を唱えました。その応用の仕方は試論的なものでしたが、志向性とその構造を記述するという先見の明で後のフッサールの現象学に大きな影響を与えました。

Franz Brentano
ブレンターノ（*1838–1917*）

世界の名著62／中央公論社

ものごとが意識のなかに現れるそれそのものを直に記そう

エドムント・フッサールによれば、自然科学は時間、空間、原因と結果の関連にある事物の存在を無批判に認めています。今まであった自然主義哲学は自然的事実を素朴に認めていて哲学の名に価しません。意識の自然学である心理学に対して、自然主義と区別された厳密な学である哲学としてフッサールは現象学を提唱します。それは、意識がその本質上何であるのか、意識が意味するのは何であるのかを問う学問となります。人は現象をそれが現れるがまま受け取らねばなりません。すなわちいま現に流れつつ意識しているこの意識として、現在的、あるいは現前的なものとして現象を受

Edmund Husserl
フッサール（*1859–1938*）

け取らねばなりません。

心的現象は「あるものについての意識」すなわち何ものかに向けられた志向性を持つものであり、対象的なものを思念します。意識対象は意識作用（ノエシス）によって思念されたそのもの（ノエマ）として記述されます。現象そのものは自然ではありませんが、直接的な直観において把握されうる本質を持っています。現象学は本質直観によって現象の記述を行います。今まであった既成の世界観哲学に抗して、意識の本質直観を記述する現象学を打ち立てたいとフッサールは考えました。純粋意識への現象学的還元は、先入観なしに、事物の立ち現われに（ものそのものへ）向き合うことで成り立ちます。

この純粋意識は他者を身体として受け入れ、自分との類比から他者の自我を直観的にとらえます。このようにして人間相互の主観性の成り立ちを説明しました。現象学的には、生活世界の客観性は相互主観性に支えられています。

現象学的還元

『ブリタニカ草稿』決定稿においてフッサールは現象学的方法を次のように要約します。現象学者は自分の意識を純粋現象として獲得したいと思うならば、外的なものに対する判断中止（エポケー）を最後まで成しとげなくてはいけません。すでに存在している与えられた世界の代わりに、具体的に意識された世界がそのつど具体的に意識された世界として、あるいは言い換えれば与えられた世界ないし世界的なものの代わりに、さまざまな様態におけるそのつどの意識意味が、登場してくることになります。

純粋な現象への現象学的還元という方法は、①個々の現象に即しながら、与えられた世界を当たり前なものとして受け入れることに一貫して方法的な判断中止＝括弧入

ちくま学芸文庫

れを行うことにおいて成り立ち、②多様な出現を対象的なそれぞれのまとまりの出現として方法的に捉えて記述し、しかもこの出現したものを、意味を持ったまとまりとして捉え、記述することで成り立ちます。現象学的還元という方法は自己経験から他者経験に移行できます。私が他者の経験を現在化し、その現在化された生のなかで括弧入れを行うことによって、彼の主観的な生のなかで出現したもの（ノエマ）がいかにして出現する（ノエシス）のかについて記述することができるからです。

決断し生きる私の実存を必然化する神と向き合う

『哲学』第二部の「実存開明」において、カール・ヤスパースは私とは単なる存在とはことなる実存であると言います。実存とは一人一人の現実の人生、またはその主体として実人生を自覚的に選び取る意識、実人生の自覚存在を指します。「実存開明」において、ヤスパースは実存を外から客観的なものとして説明するのではなく、内から生きられるものとして照らし出そうとします。自我は他者や世界とのつながりで自らを知ります。

私はどのようなものとして自己を意識しているのでしょう。自我の諸相として、身体としての私というのがあります。社会とのつながりにおける私というのがあります。他者から見た私も、我々すべてと言われるときの私も、私自身は別の個別的内面として確保されます。私が何をなしえたかというのも私の鏡ではあるが、私自身ではありません。私が何であるかを私の過去を通して知ることも私の鏡であります。でも過去

Karl Jaspers
ヤスパース（*1883–1969*）

「実存開明」

とは違った私がありうる以上、回想としての私は私そのものではありません。いわゆる私の性格も私自身ではありません。意識一般や私の見かけから私を取り戻すとき、私は自身について憂慮し、自分自身との関係で私自身が何であるかを決断します。私は私に下す判断から出てくるものとして私を求めます。私は他者との交わりのうちにあり、歴史的な唯一一回のものとして、自由に対して開かれています。実存の開示は他者との交わり、愛を伴った闘争でもある交わりにおいて実現します。

私は実存の自由が超越者である神と結びついたものとして運命的必然性となることを知ります。さらに私は限界状況の下で神へ結びついた私を知ります。死、悩み、争い、罪のような自分では避けられない限界状況で、人生の暗号としての挫折に直面し、自らの有限性に絶望するとともに、神のつかさどる現実へと目覚め、本来の自己へと回帰します。ヤスパースは現象学の用語を使って存在の人生における意味の開明を詳細に記述しようと望み、キルケゴールの基本線を辿って実人生の決定者である実存の意味を考え、世に問いました。ヤスパースはハイデガーと同じく、現象学の落とし子でありながら現象学とはかけ離れた独自路線を歩み、哲学の歴史に新たな波紋を投じました。

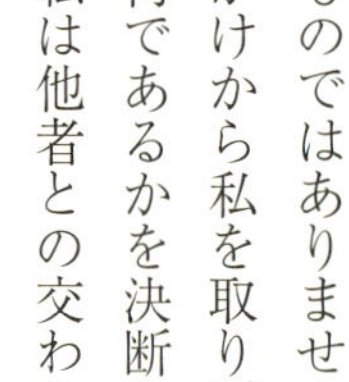

中公クラシックス

ものごとを立ち現せる「在る」というはたらきに目をじっと凝らそう

マルティン・ハイデガーの『存在と時間』の根本の主題は「存在の意味への問い」だとハイデガーは言います。個々の存在者ではなくて、そもそも存在するとはどうい

Martin Heidegger
ハイデガー（*1889 – 1976*）

うことか、人間にとっていろんなものがそもそも存在するということがどんな意味を持って立ち現れてくるのか、そのことを考えてみようと言うのです。

一つ一つの物がどんなふうに存在しているかを説明する学問は多いけれど、そうではなくて、そもそも存在することの意味を考えてみようとします。例えばギリシア哲学には存在とは何かを考える兆しがありました。しかしながら現代には物質をどう利用するかという学問ばかり盛んで、存在とは人間にとって何かを考える人はいなくなってしまいました。けれども人間を支えているのはそもそも存在するということではないか。

フッサールの現象学は人が自分の心の中でものとどんなふうに出会うのかという問いかけから出発して、人がどのように物事を意味づけ、構成しているのかを考えるのですが、ハイデガーの場合には人は自分の心の中で存在とどんなふうに出会い、存在をどう捉えるのか、そもそも在るということは人の心の中でどんな意味を持って現れてくるのか、を現象学的に解明しようとするわけです。

それに先立って存在を問える者としての人間を分析しようとします。そして現実に存在している人間がどんなふうに自分の存在を見つめ始めるのかを描き出そうとしました。そして、人は存在をどう捉えるのかという本題に入る前にこの本は未完で終わります。

ハイデガーは現実に存在している人間のことを現存在と呼びました。現存在とは差し当たってふつうに暮らしている一人一人の人間のことです。それからもうひとつわかりづらいのは存在者という言葉です。存在者とは具体的に存在している一つ一つの

中公クラシックス

ものという意味です。人間もまたクルマや鳥と同じように存在者のひとつなのですが、人間は心を持っていて存在について考えることができます。そこで他の存在者とは区別して現存在と呼ぶのです。

次に現実に存在している人間とはどのようなものかに話が移ります。ハイデガーは何よりもまず人間は世界内存在だと言います。人間は自分の主観の外に出られないにもかかわらず、生まれたときから自分の外にあるはずの世界の中で暮らしています。他人や物と関わりながら、世界の中で生きていくように条件づけられています。そして人は物事について役に立つかどうかという関心を持って捉えています。道具は人に近しいものとして手許にあります。一つの道具は別の道具と関連して世界を形成しています。人は道具に配慮し、配慮された道具との関わりで自分を理解しています。そのような道具としての世界を共有する者として他人が存在しています。

世界内存在

他人と共に道具としての世界を分け合いながら、人は他人に合わせて生きています。世間で当たり前とされている常識や決まりを疑うことなしに、他人と比べてふつうで居られるように、世界の分け前に与かれるように暮らしています。そうやってふつう人は世間のなかに融け込んでいますが、そのままでは、そこにほんとうの自分と呼べるものはないとハイデガーは指摘します。いわば個人が匿名性の中に埋没しています。そういうときに人間はぼんやりと気分によって世界を捉えています。気分によって世界と関わっています。人は身の回りの物事をぼんやりと好奇心に任せて捉えています。この状態では、自分や他人や世界のありのままの姿ははっきりと意識されません。

そんなふうに暮らしていた人間がある日、得体の知れない漠然とした不安を感じます。私はどういうわけかこの世界に投げ込まれたように存在している、私が生まれる前からあったこの世界の中に私は生まれたときから無意味に放り込まれているようだと感じます。自分はなぜここにいる、自分はこれからどうしたらいいのだろうと不安になります。こうした不安が引き金になって、人は世界の中で受け身のまま安らいでいられなくなります。そしてさらにその人は自分が置かれている状況をありのままに見極めようとします。私は今までこの世界と関わり合って暮らしてきたけれども、こういう自分と世間の関わりの最期に来るもの、それは死です。

今まで漠然と気がついていたけれど目を背けていた死という事実に直面して人は憂慮して深く考え込むことになります。そういう自分の死という避けられない運命を自分のものとして引き受けると、人は一つの決意を持って再び生きてゆくことになります。私はいつか死ぬ。私はありのままの自分の存在を見つめて、積極的に自分の人生を選び取らねばいけない。この世界に向かって自分を投げ出していかなくてはいけない。私は自分に対して責任がある。私はいつか死ぬし、いつ死ぬかわからない。限られた時間を自分で切り拓《ひら》いていかなくてはならない。ぼんやりと他人任せのままではいけない。

このように考えて実際に、前へ向けて、世界のなかへ、現在の自分を投げかけてゆくことが人間にとって本来のあり方だとハイデガーは考えます。そして、こういう自覚が可能なのは人が時間というものを自分が存在することとの関わりから理解するからです。私が生まれる前から存在していた世界の中に、私は生まれたときから放り出されているという自覚は、自分が生きてゆくことにかかわる、既にあった自己と今面していることについての理解です。私はいつか死ぬけれどいつ死んでも納得できるように今の自分を変えて行こうという自覚は自分が生きることにかかわる、自己の先行きについての理解です。このように世界の中での人間の生き方にかかわる時間のあり方のことをハイデガーは時間性と呼んでいます。

時間性

時間性を理解して、つまり自分の人生を時間的な広がりの中でありのままに受け止めれば、責任を持って、積極的に、先行きに向けて、自分を世界の中に投げかけてゆけるはずだ、それこそ人間の本来的なあり方だとハイデガーは考えます。そして個人はかつての自己と自分の先行きを自分のものとして引き受けて前に向かって身を投げ出して行かなくてはいけない。

それと同じように私は他人とともに民族の運命を自分のものとして引き受けて、私自身の時代に向けて自分を投げ出して行かなければいけないとハイデガーは言います。この「民族の運命」辺りに後にハイデガーがナチスに肩入れした問題の種がすでに潜んでいました。『存在と時間』では現存在としての人間の存在がおもに語られています。けれどもこの話題は存在の意味への問いを展開するための準備でした。

『真理の本質について』

ハイデガーはその後の思想において、この存在の意味への問いという問題に取り組みます。『真理の本質について』でハイデガーは伝統的な真理の定義が、被造物としてのものが創造主の思念（イデア）と一致することであると言います。その後も真理は絶対精神に一致することなどと見做されてきました。真理を正しさとの一致とする考えは市民権を得ています。ハイデガーはこの自明なものに立ち向かいます。言い当てる人が或るものを対象として言い当てるにはそのものが空け開いたものの領域、隠されてないものの領域に入り込んでいなくてはいけません。言い当てられたものも言い当てる人もこの空け開いたものの領域に入らなくてはいけません。空け開いたまま立ち続ける関わりにおいて人は存在者に出会うのです。

人は顕《あら》わになったものに対して空け開いています。顕わなものとは人に自らを示していきます。ものがその中で現れてくる空け開きに応じてものは多様な仕方で現に在るようになります。人がなにかを言い当てて、対象と的確に合うことができるのはなぜでしょう。それは、人が顕わなものに自らを明け渡しているからです。すなわち人は顕わなものに向かって自由であるとも言えます。すなわち真理の本質は空け開いた顕わなものへの自由であります。

顕わなものへの結びつきの自由とともに、ものごとを存在させるはたらきが起こります。存在させることは空け開きに身を入れることです。すべての在るものは空け開きの中に入り込んで立っています。空け開いたものはギリシア語でアレーテイアすなわち隠されていないものと言います。自由とは人がものの空け開きのうちに立ち出でていることです。

空け開いたものの中に立ち、顕わなものを顕現させることで、人は初めて人となります。最初の思う人が在るものとは何かと問いながら、在るものの隠れなさに立ち向かう瞬間に、真理が経験されます。それは歴史の始まりを示す特別な瞬間であるとハイデガーは言いました。

真理とは存在するものを開け放つことであり、このことで存在の空け開きが起こります。ただし、人は存在するものに向かって考えるとき、覆いに突き当たりますが、この覆いは真理の根本的な性格です。真理は顕わになると同時に覆いに隠されています。人が真理とは何かを考えうるのは、「在る」ことそれ自身を考えようとするときだけだとハイデガーは言います。真理とは、存在がそれ自体の性格として、自らを開け示しつつ隠すことを意味しています。

人間は充足せずに自らを未来に向けて投げ出してゆけ

ジャン・ポール・サルトルの主著は『存在と無』です。この本によれば、現象学によって、存在現象と意識が問題となりました。存在現象は存在であることを主張します。そのような存在は自らであることに安んじている物、あり方が直接的で自足している物であり、これを即自と呼びます。これに対し、意識は自らであることに抗う者、自らをつねに問題とする者であり、これを対自と呼びます。自足存在は即自で、自己に充足せず欠如している意識存在は対自です。

人は現状自足に対して、欠如すなわち無を引き入れる存在者であります。価値や可能性は、対自である意識にとって絶えず将来に見据えられるものとして保留されます。対自にとって時間は自分がそれであるところのもの（過去）でなく、自分がそれでないところのもの（未来）として、対自からいつもずれたものとしてあります。対自としての意識は過去の自分に安住せず、未来の可能性に自分を投げかけてゆく者であるところに意義があります。

また人は対自存在であるとともに、対他存在でもあります。例えば恥じらいは誰か

Jean-Paul Sartre
サルトル（*1905–1980*）

ちくま学芸文庫

の前で私自身を恥じることです。このように対自にとって他者が問題になります。フッサールの場合、世界を成り立たせているのは他者との相互了解です。私にとってテーブルであるものが、他人にとってもテーブルであることのような共通認識が世界を成り立たせています。

ヘーゲルにとって人は他人を通じて私を知る者です。ハイデガーにとって意識相互の関係は、共・存在として成り立っています。私は世界で他者と出遭ってともに暮らしている。サルトルにとって他者が私にやって来るのは出遭いにおいてです。他者は私に眼差しを向けている者です。他者は私にとって「私が誰かにとっての対象である」時のその誰かの存在です。他人は私と同じく対自であり意識であります。他人は他を否定することで自己自身となり得るので、私は他人に分別された対他存在というわけです。

一方、私は他人を対象化できる者でもあります。他人は自分ではない者としていたるところに拡散しています。私にとって私の身体は自力ではなく存在しています。目が痛いとき「私は目の苦痛を存在させている」と言えます。他者の身体、たとえばピエールの身体は、私にとってのピエールです。対他の身体は、他者に規定されます。赤面する私は他者の眼差しの対象として怒りであったり恥じらいであったりします。一人一人がお互いを認識している「対象・われわれ」と、漠然と他を認識している「主観・われわれ」を区別することができます。人は他に働きかけるという本質的特徴を持ちます。対自としての人が行為によって自己を既定するものならば、為す、ある、持つという基本的なあり方を研究することが課題となります。

即自存在

対自存在

対他存在

「ある」と「為す」は自由の問題に関わります。一つの行為とは存在しないもの（未来）へ向かっての対自（人）の投げかけであります。行動を起こすためには現在に何かが欠けていることを意識する無の自覚が必要となります。あらゆる行動の不可欠な条件は人間の自由であり、人は無を引き入れる自由を持っているのです。人にとって自分があることは何かを為すことに帰着します。人が為す者ならば、行動への決定はそれ自体が行動です。行為は何かを目指した未来への志向だからです。世界は人が選ぶ目的によって特定のものとして顕示されます。志向は現状を否定することでいまだ存在しないものに現状を照らし、そこに存するようにさせる働きです。

意識は現状からの自己解放としてあるとともに、いまだ達成されていないある目的へ向かっての自己拘束としてあります。人は自分の未来の姿に自分の過去を投げかけてゆく存在なので、人は自由でありひとつの世界をそこに存するようにさせることができます。人は自分の思うままに自己を選ぶことができるが、自己を選ばないわけにはいきません。自由な未来への投げかけは私にとって根本的であり、原初的であり、私全体に関わるものなのです。

私は世界の中の危険、障害、援助などを自己の欠如を通して発見し、それを状況と呼びます。この状況とは状況の中にある人によって把握された立場であります。状況内存在は手に届く状況と手に届かない状況に分けられます。状況はきわめて具体的なものとして、私のための扉として現れます。人のうちに人が認めている自分らしさの一定性は状況からのみ説明されます。人は自由であるように呪われているのであるから、全世界の重みを自己の双肩に担っています。

自由な未来への投げかけ

人は自由であるように呪われている

欲求は世界内存在の相であります。われわれはある対象を「所有する」こと、あることを「為す」こと、ある人で「ある」ことを欲します。そして、人の志向性があって初めて存在が意味を持って立ち現れるのです。状況の中で人は自分が諸価値を現実に存在させることを知り、自由を意識し、価値の源泉としての不安のうちに自己を見出し、世界を存在させる現状の欠如としての無を自らのうちに見出すことになるとサルトルは結びます。サルトルの哲学は人間の実人生の行動の決断を問う実存主義哲学と呼ばれ、議論を巻き起こしました。ハイデガーと同じくフッサールの現象学を自分流に創作して、人間存在の実存（実人生を決断するあり方）を分析した手腕には特筆すべきものがあります。

実存主義哲学

身体に世界と他者は与えられ知覚の窓で開かれている

モーリス・メルロ＝ポンティは『知覚の現象学』のなかで、私が世界を知る場合の、知覚の決定的な重要性を強調します。私たちは身体によって世界に臨んでいて、身体でもって世界を知覚する以上、われわれに現れるがままの世界の経験を、再び目覚めさせる必要があります。私たちがおのれの身体で知覚する以上、身体とは自然的な自我ということであり、いわば知覚の主体なのです。知覚は瞬間ごとにおこなわれる世界の再創造もしくは再構成として、与えられます。

私たちが過去や現在やこの世界を疑わないのは、われわれが今ここに現実に存在する知覚の野を持ち、つまり世界と接触しつねに世界のなかに根を張っているからです。

Maurice Merleau-Ponty
メルロ＝ポンティ（*1908–1961*）

知識の全てが、知覚によって開かれた地平のなかに居を占めています。物と世界は私の身体の諸部分と一緒に生き生きとした連関において私に与えられています。空の青さを熟視する私の意識は、この果てしない青さに充たされます。知覚するとき私は主体の統一と、物の世界の感覚的統一を、実際に生きています。

ある物が人に対して決定的、最終的にその姿を現すことはなぜ成り立つのでしょうか。物と世界は私もしくは私に似た主体によって生きられたものとしてのみ、現れます。知覚されたものは世界という地平と一緒に全体として見られるならば私たちを欺くことはありません。私は身体によって与えられた時間と世界への内属においてしか私を知りません。私が他人を知り得るのは行動の担い手としての他人の身体を通じてです。この世界は私の知覚と他人の知覚との間の共有物であります。

私を他へと越えさせるのはもろもろの志向の源泉にある、身体と意識の共存した生の領野であります。過去の私と今の私の総合は瞬間ごとに世界の視野の広がりという現象のうちで、われわれの眼前で行われていますが、そのつど更新されるべきで、現

『知覚の現象学』仏語版／ガリマール社

在を引き受けることによって私は私の過去を捉え直し、変容させ、意味を変え、私自身を過去から自由にし、離脱させますが、私がこうするのも、ただ他のことに身を投じることによってであります。メルロ＝ポンティは現象学の自我に、常に形を変えて繰り広げられる知覚の主体である私、身体とともに世界に属している私を付け加えることで、より生の現実に即した具体的な現象学を提示して見せたという意味で画期的です。

人類のそれぞれの地に花開く無意識の美の構造を読め

クロード・レヴィ＝ストロースの考えの基本は、神話には無意識的構造があり、意識されない心のメカニズムがあるということです。貝の形態は数学的ですが、貝とは何かと問えば、人は個人的な思い出を語るでしょう。そのように人は目に見えない複雑な構造を意識せずに暮らしています。

ひとつの神話を変換すると別の神話になります。そうした神話の全体的な関係を理解すれば、神話を語る人々の世界観を知ることができます。その複雑な過程をレヴィ＝ストロースは『野生の思考』や『神話論理』で示しました。人類が作り出した宇宙の表象はどれも完璧ではありません。人類の豊かさは無限の差異から生まれました。理想的な時代が過去にあったとすれば、人と自然に均衡があり、人が自然に敬意を払う時代であるはずです。レヴィ＝ストロースの構造分析は、まずインディオならインディオという共通の文化を持つ人々の神話を、できるだけ多く集めます。次に一つ一

Claude Lévi-Strauss
レヴィ＝ストロース（*1908–2009*）

『神話論理』

つの神話の核となっている、簡潔な筋立てを取り出します。例えば雨水が料理の火を消す話、蜂蜜のお陰で人間に飾りものがもたらされる話などと要約します。さらにそうやって取り出された、それぞれの神話間の関係を考えるのです。この神話とあの神話は内容が対立しているとか、同じことを違う題材で扱っているというふうに神話間の関係を探ります。そうやってある程度神話間の関係がわかってきたら、神話が全体としてどのような体系を形作っているのか、全体の見取り図を描きます。そのようにして浮かび上がった神話全体の見取り図が、神話を語る人々の無意識に潜んでいる世界観を表すと考えるのです。

そのように、秩序や意味づけや論理を浮かび上がらせる著作の端々に、とらえどころのないもののエロスに対する、目もくらむような眩暈《めまい》の感覚が見え隠れしています。意味づけを逃れてしまうあいまいなものをレヴィ＝ストロースは半音階になぞらえています。女性や蜂蜜や虹色の蛇というとらえどころのないものが、自然の混沌を運んできます。そういう文化と自然の接触面でのせめぎ合いのドラマを、レヴィ＝ストロースは神話の中に見ています。

彼の学問が美しいのは、人々の暮らしの微妙な差異に光を当てようとするところです。レヴィ＝ストロースは一九四〇年にルクセンブルク国境に近いある場所で野生の花に気づき、この花びらの並び方は神秘であり、ひとつの奇跡だと思って見とれていました。このときの経験が自分の構造主義の始まりだとレヴィ＝ストロースは語っています。カデュヴェオ族の織物や入れ墨の模様の美しさに心奪われながら、そこに人々の無意識のかたちを見出そうとしたその繊細な眼差しこそ、レヴィ＝ストロース

みすず書房

の美的感覚なのです。

また、『神話と意味』は、一九七七年一二月のカナダのCBCラジオ放送でのレヴィ＝ストロースのインタビューを本にまとめたものです。彼は「私自身の心の奥に何ものかがあって、そのため、私は子どものときから今日で言う構造主義者であったよう」だと言っています。字が読めない頃から字の一部は読めた、というのもブーランジェ（パン屋）の文字列とブーシェ（肉屋）の文字列の初めの形も音も一緒なのだから字を習う前からブーを読めた、こういう思考自体が構造主義なのだと言っています。

加えて「私は子どものころから理屈に合わないものが気になり、無秩序とされるものの背後に秩序を見つけようと試みてきた」とも言います。哲学から人類学に転向したころ婚姻規則は無秩序だと言われていたが、『親族の基本構造』で秩序を与えることができました。秩序がなければ意味を理解することは絶対にできません。理解するとはある説明を別種の説明に置き換えることです。

神話とは一方で実利性を離れたものであり、他方でひじょうに知的なものであるとレヴィ＝ストロースは考えます。自分の周囲の世界とその本性、それに自分たちの社会を理解する必要、理解したいという欲求が経験的素材を用いた高度な神話的思考として働くのです。

それぞれの地方に咲いた野生の花はどれも他に取って代え難いと彼は言います。私たちが今日グローバリゼーションと呼んでいる現象をレヴィ＝ストロースは「オーヴァー・コミュニケーション」と名づけて、世界の画一化、均一化に警鐘を鳴らしています。それでもレヴィ＝ストロースは、何らかの差異は生き続けるだろうという期

みすずライブラリー

待を付け加えています。

構造主義

神話と音楽は言語から生まれた二人姉妹のようだとレヴィ＝ストロースは言います。神話はひとつの全体的まとまりとして把握しなければ理解できないし、オーケストラも各部だけでなくその変奏と積み上げで心に全体的な理解を与えます。神話は時代の変化に耐え、基本構造があり要素を変えた変奏が多くあります。その変奏の多様さと全体像の隠れていた秩序が構造主義者の胸を打つのです。レヴィ＝ストロースはロシアの言語学者ロマーン・ヤーコブソンからスイスの言語学者フェルディナン・ド・ソシュール系統の構造言語学の知識を得て、神話の分析に用いることで構造主義と呼ばれました。その他、地質学と精神分析とマルクス主義から、痕跡を読むこと、無意識を読むこと、社会構造があることを学んだと『悲しき熱帯』で回想しています。

『悲しき熱帯』仏語版／Librairie Plon

大げさな文学的な身振りから離れた無垢な零の文筆

ロラン・バルトはエクリチュール、書きものの人でした。最初の著作『零度のエクリチュール』で彼は文学のエクリチュールの歴史を素描します。古典主義ブルジョワジーの書きものの安定した支配のあと、複数のエクリチュールから作家が自らの書き方を選び取る時代が来ました。フローベールの職人芸的エクリチュールの時代が来ます。フローベールは職人的な写実主義で『ボヴァリー夫人』という神話的装飾のない女性像を提示します。そのあとモーパッサンやゾラの自然主義的写実の作為的すぎる

Roland Barthes
ロラン・バルト（*1915–1980*）

作風が生まれ、マラルメやランボーの自暴自棄の沈黙のためのエクリチュールが生まれました。そして遂にニュートラルで白い、無垢のエクリチュール、文体らしきものさえないようなエクリチュール、零度のエクリチュールとして、カミュの『異邦人』が現れるに至るとバルトは結びます。ここでカミュの『異邦人』を零度のエクリチュールと持ち上げるのは行き過ぎかも知れません。バルトはカミュを語りながら、自分自身の望む、大げさな文学的な装いから免れた、記号の不在とでも言うような、零度のエクリチュールの中に隠れながら自らを露《あら》わにしたいという願いを語っていたのかも知れません。

毎日の人目に触れるシンボルの神話作用のもくろみを読め

『神話作用』でバルトは、見せ物や映画や雑誌で目に留まる陳腐な神話の言わんとする意味を、明確な言葉で浮き彫りにします。「レッスルする世界」ではプロレスの悪役のげす野郎が、いかに下劣を演じ切り、レフェリーの見ていないところで反則を犯すかを描き出し、やがて、げす野郎が復讐されてリングで大げさに苦しみ、肉の塊として崩れ落ちる各瞬間を、観客の期待に応える演劇的な見せ物として生き生きと読み解き、外界では満たされない正義の審判が下される見せ物の特権的な娯楽性に光を当ててみせます。

「占星術」では雑誌に載る星占いの意味を探り、占星術は女性読者たちの現実の構造を描写したものであり、生活を指し示し後追いする、小市民世界の文学としての役割を果たしていると指摘します。バルトの『神話作用』は日常目にする小さな神話の意

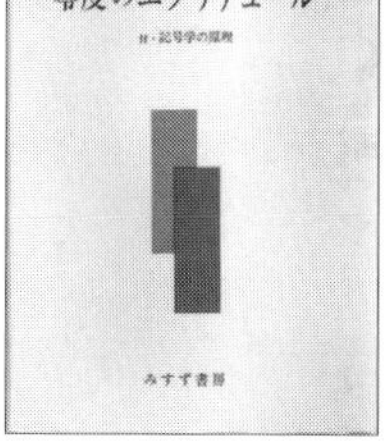

みすず書房

現代思潮社

味するところを暴き出す、卓越した文化批評で神話分析です。
『物語の構造分析』ではロマーン・ヤーコブソン、ウラジミール・プロップ、レヴィ＝ストロースらの用語を解説して、物語の機能、話の単位、登場人物の行為についての構造主義的な分析方法を提示します。その具体例として、「天使との格闘」では創世記のヤコブの天使との格闘の一節（三二章）をテクスト分析します。

ヤコブが河を渡ろうとすると天使が格闘を挑んできたので戦って勝ち、神に訊《き》かれて名を名乗るとイスラエルと改名するように言われた話です。

このテクストをバルトは①渡河《とか》②格闘③命名の三つのシークェンス（話の単位）に分けます。①渡河を「他の者たちを渡らせる」「自分は渡らない」または「自分も渡る」そして「渡り切る」「道を続ける」と話型分析します。②の格闘を「格闘」「片方の力不足」「戦いの決め手」「交渉」と話型分析し、「交渉」を「申し出」「取引」「承諾」とさらに分けます。③命名を「神がヤコブに名前を尋ねる」「ヤコブの答え」「結果・命名」と話型分析します。この方法は、「お話を構成要素に切りわけて分析をして構造を知る」というわけです。このように、『物語の構造分析』の段階でバルトは構造主義の立場を取り、構造分析の実例を展開して見せます。

つじつまが合わないことを気にしない読む快楽にすべて委ねる

『テクストの快楽』で、バルトはテクストを読む快楽に身を委ねるとはどういうことかを、思いつくままに、書き綴っています。例えば、「矛盾しながら平然としていられるのは、快楽を味わいつつある時のテクストの読者だ」とバルトは言います。また

みすず書房

「快楽が欲するのは忘我の場である。断層、切断面、デフレーション、悦楽のさなかに主体を捉えるフェイディング現象（受信の混乱）である」とも言います。「テクストのブリオ（活力）は、悦楽への意志であるだろう。ここにおいて初めて、テクストは要求を超越し、おしゃべりを乗り越え、これによって形容詞の支配を打ち破り、外にあふれ出ようと試みる。形容詞というのはイデオロギー的なもの、想像物が怒濤《どとう》のように流れ込む言語活動の戸口なのだ」「テクストの快楽、それは私の肉体がそれ自身の考えに従おうとする瞬間だ――私の肉体は私と同じ考えを持っていないからだ」とも言います。ロラン・バルトはここで、構造主義も捨てて、同時代のデリダやドゥルーズやクリステヴァと並走し、ニーチェの書の友として、テクストの快楽を枚挙します。

　矛盾を受け入れること、忘我の波を甘受すること、テクストを好きに読むこと、作者と読者の区別を廃すること、漂流すること、中性的な、顰蹙を買うテクストを愛すること、テクストの混乱を享受すること、いかなる圧力にも抗して、無益性、犯罪性、無意味という検閲を越えて快楽を肯定すること、などがテクストを読む快楽の心得として点描されて行きます。バルトは言います。

「テクストは、織物という意味だ。……今、織物のなかに不断の編み合わせを通して、テクストが作られ、加工されるという、生成的な観念を強調しよう。この織物、このテクステュールのなかに迷い込んで、主体は解体する。」テクストという言葉の織物に迷い込んで、主体を見失うほど本に耽溺しようとバルトは訴えます。『テクストの快楽』はバルト自身の読書と執筆の秘訣《ひけつ》に触れる独白の断章集です。

みすず書房

温室に写る少女の一枚はこれが母だと私に言わせる

『明るい部屋――写真についての覚書』という生前最後の著書のなかで、バルトはリアリストとしての自分に相応しいものとして、写真を取り上げます。写真は偶発的なもので、あるがままのものという特質を持ちます。写真にもいろいろな仕掛けが含まれていることがありますが、写されているものがかつてそこにあった事実は差し出されています。写真はバルトにとって、それが、かつてあったことの証左であります。バルトは写真をストゥディウムすなわち文化的な文脈を読み取れるものとプンクトゥムすなわち目をくぎ付けにし、心をかき乱す特異点とに分けてみます。

『明るい部屋』は最愛の年老いた母を失ったバルトが、残された写真のなかにありし日の母を見出そうとする喪の作業のさなかに書かれた文章でした。単なる写真論というよりは母への追想の記録であり、悲しみの表現でした。バルトは多くの母の写真を見て自分の知っている母と似てはいるが何かが違うと感じていました。そんなとき、温室に写る母の少女時代の一枚の写真だけは、母の持っている言いようのない無尽蔵の善意を捉えた決定的な写真のようにバルトには思えました。これが、母だ！　とバルトに言わせるものが、温室の写真には確かにあったのです。

写真とはバルトにとって、それが、かつて、あったことの証左であり、あるがままのものであり、文化的コード（約束事）であるか、手に負えない現実を示すかのいずれかのものです。暗室よりは明るい部屋が写真の本質に相応しいとバルトは結びます。それは端的に光のもとに、かつてあったことを指し示しているからです。

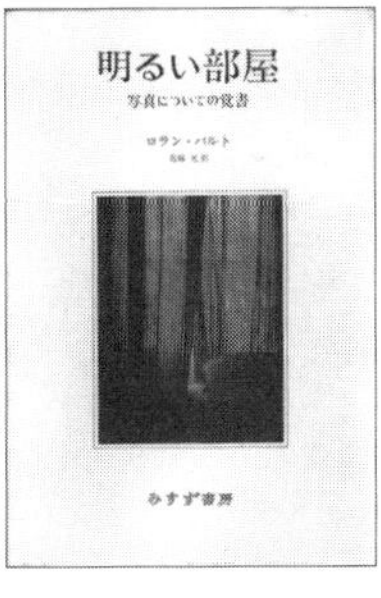

みすず書房

無意識は個人を越えた目に見えぬ言わせるものの語らいである

ジャック・ラカンによると、生まれたばかりの子どもにとって最初にぶつかる大きな危機は母親の乳房から強引に引き離される、いわゆる離乳です。母親の乳房から引き離される離乳は赤ん坊にとって最初の大きなこころの傷となります。麻薬常用者の多くは、この時の心の傷を引きずっているといいます。

　赤ん坊は母親の乳房から湧き出てくる母乳を吸い込みながら、母親の存在と一体となって、母親の存在のなかに吸い込まれ、母親のなかに溶け込んでゆくような、甘い幸せを味わっています。母親に抱かれているとき、赤ん坊はしっかりとした一体感を感じています。乳離れというむごい事件によって、赤ん坊は最初の疎外感、最初の欠如感を胸に刻むことになります。例えば今は母親になっている女性も、赤ん坊の頃に乳房から引き離された痛々しい記憶が心のどこかに残っています。だからこそ自分の赤ん坊を前にして無条件に乳房を差し出す母性愛が生まれます。つまりどんなに赤ん坊がそれを望んでいるか、どんなに母親の乳房が与えられないと辛い思いをするか、母親は自分が赤ん坊だった頃の経験からよく知っているからこそ、赤ん坊に乳を与えることで深い満足を得るのです。

　子どもは母親から引き続き愛されるためにこの乳離れという仕打ちを甘んじて受け入れます。この経験は愛のために自分が我慢するというモラルの基礎となります。こうやって赤ん坊は離乳という最初の危機に直面して、それを愛のために自分が我慢す

Jacques Lacan
ラカン（*1901–1981*）

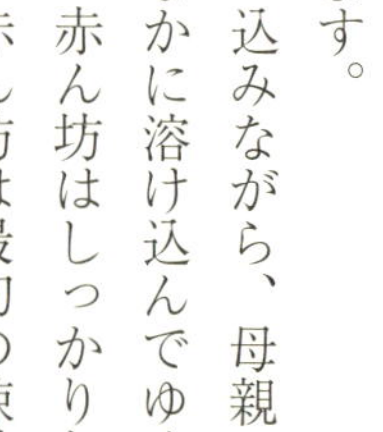

るという一種のマゾヒズムによって乗り越えますが、離乳という経験は子どもと母親の一体感を完全に失わせることにはなりません。

子どもは離乳を通り過ぎても相変わらず自分と他人の区別がついていなくて、この世界のなかに溶け込んでいるような気がしています。赤ん坊はまだイメージや言葉によって世界を捉えることを知らないままでいます。赤ん坊が経験しているこの「なま」の世界をラカンは現実界と呼んでいます。生まれた直後から半年ぐらいまで赤ん坊は自分と他人、私と母親の区別がつかないままでひたすらこの「なまの」現実界のなかで、母親に抱かれながら暮らしています。眼の前を通り過ぎてゆく刺激に身を委ねながら、この世界と混じりあうように暮らしてゆきます。もちろん少しずつ刺激を受けて神経が発達してくるけれど、自分の体をうまく動かせないから、自分の体がうまく繋がっていないような歯がゆさも感じながら最初の半年間は過ぎていきます。

ラカンのキーワードである鏡像段階は生まれて半年から一年半ぐらいの間にやってきます。子どもが初めて鏡のなかに映る自分の姿に気づいたときに子どもはそれまでばらばらなもののように感じていた自分が、ひとつのまとまりとして眼の前にいるのを見て、そこに自分の理想の姿を見つけて大はしゃぎします。そうして繰り返し、鏡のなかの自分と戯れます。この時期を鏡像段階と言います。

鏡像段階

生まれてから二歳ぐらいまで人間の子どもは手足をうまく動かすことができません。手足をうまく動かせない子どもは、自分がなるべき理想の姿を、鏡を見て先取りします。こうやって子どもはだんだんと自己像を作り出して行きます。だからこの鏡像段階、神話のなかのナルシスのように自分の映る姿にうっとりする段階は子どもが自分というものを作り上げてゆく大切な時期と言うことができます。けれども赤ん坊は理想の自分のイメージを飽くまで外から与えられています。実際の自分は手足もうまく動かすことができないちぐはぐな、ばらばらなものの寄せ集めでしかないと感じています。この世界の混沌に呑《の》み込まれている手足をうまく動かすこともできない内側の私と、外から与えられるひとまとまりの理想の私との裂け目が生まれます。

　人は外から与えられるひとまとまりの自己像に合わせて、自我としての私、表層意識としての私、一貫性のある私を築き上げて大人になります。けれども一皮むくとばらばらな、まとまりのない、無意識的な私がいます。ラカンによれば、人は無意識の声を無視して、辛うじて社会的な私、自我としての私、一貫性のある私を演じています。けれども何かのきっかけで、まとまりのある私にほころびができます。そうすると、まとまりのある私のほころびから、今まで抑えつけていた無意識の声が吹き上げて来ます。それをふつう狂気と呼んでいます。

　さて、この鏡像段階の時期に人は幻想やイメージを作り出して想像の世界を生きています。これをラカンは想像界と呼びます。生まれて間もない子どもは混沌とした「なまの」現実界に溶け込んでいました。鏡と戯れるようになってから赤ん坊は現実界の上にイメージの世界を被せて生きるようになります。これが想像界です。

想像界

　次に子どもはこうしたイメージを中心とした世界を離れて、言葉の世界、意味の世界へと移行していきます。このとき決定的な役割を果たすのが、エディプス・コンプレックスです。子どもははじめ母親と自分の区別がついていなくて、母親と自分が一体だと思い込んでいます。けれどもある時子どもは母親が自分よりさらに何か別のものを欲していることに気づきます。母親に決定的に欠けているもの、それは精神分析によるとファルスすなわち男性器です。女性は自分に男性器がないことに物足りなさやコンプレックスを感じていると精神分析では言います。

子どもは最初自分と母親が一体だと思い込んでいます。けれども母親は自分に決定的に欠けたもの、男性器を無意識のうちに望んでいます。母親と子どもの甘い一体感から抜け出して大人になるためには、父という男性器を持つ存在を、一つの掟として受け入れなくてはいけません。母が欲しているファルスは自分のことではなく、父のファルスです。この父のファルスという掟を受け入れることで子どもは社会の決まりごとの世界へと足を踏み入れてゆきます。このフロイトのエディプス・コンプレックスの理論をラカンは記号論を使って解釈します。

ラカンによると母親が欲しているファルスは父親の背後にある意味の世界の中心であって、意味の世界を成り立たせているものであり、意味の世界の象徴です。つまり父親のファルスは「何かを意味するものには従わなくてはいけない」という掟を表しています。この「何かを意味するものには従わなくてはいけない」という指示のことを、ラカンは特権的なシニフィアンと呼びます。父親の男性器が何かを意味するものには従わなくてはいけないという指示を表しているとすると、子どもが母親から離れて父のファルスを受け入れることは、言葉や意味や掟の強制力を受け入れて社会的な存在へと移行して行くことになります。

人は「なまの」現実界のうえに想像界を重ね合わせましたが、エディプス・コンプレックスを経て、父親のファルスを受け入れることで言葉の世界、決まりごとの世界、

エディプス・コンプレックス

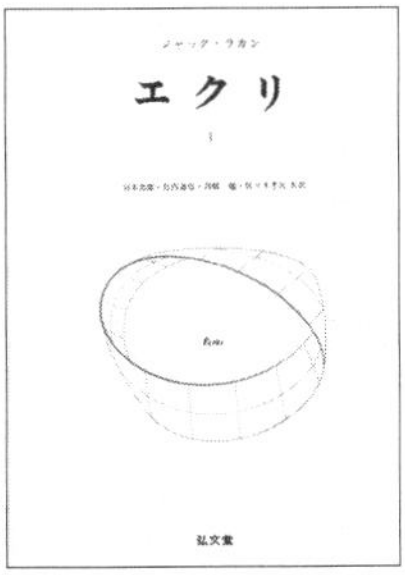

弘文堂

意味の世界へと移行することになります。これをラカンは象徴界と呼びます。

本能が壊れた動物である人間は「なまの」現実界に耐えられません。そこでまずイメージの世界へ逃げ込んで、そのうえさらに象徴界という言葉の世界を重ね合わせて言葉の意味の支配する世界を中心に暮らしてゆきます。人は、決まりの世界のなかで、無意識の声から耳をふさいで、まとまりのある、一貫性を持った、社会から意味づけを受ける私を生きています。けれども、ラカンは、象徴界を生きる以上、人間の無意識も構造化されていると言います。

人間は執拗に意味に付きまとわれています。たとえば神経症にかかって、何度も手を洗わなくては気が済まない人がいます。小さい頃に両親の性交を見てしまったけれども、その事実を認めようとしないで、両親の性交を無意識のなかに閉じ込めています。そうすると両親の性交という忘れがたく意味し続けるものが心のなかに潜むことになります。けれどもその強迫的に意味し続けるものが、絶えず何かの表現を求め続けています。両親の不潔な性交という絶えず付きまとうシニフィアン（意味するもの）が、何度も手を洗うという意味表現シニフィエ（意味されるもの）となって現れてくるのです。そんなふうにラカンは心の奥に刻まれたしつこい意味作用のことをシニフィアンと呼んで、精神病の症状や夢のことをその現れ、シニフィエと呼び、そうやって精神分析を記号論で説明しました。

ラカンによれば、人にはこころの奥に沈み込んだ、人それぞれのこだわりがあります。それは子どもの頃に刻み込まれた両親の性交であったり、自殺現場を見てしまったことであったりします。心の奥に仕舞われた忘れられない思い出が、反復的に付き

象徴界

記号論

まとう意味としてお互いに結びついています。印象深いいろんな意味が繋がり合って、無意識の世界を構造化しています。そういう何かを意味していて、絶えず自己表現を求めているものたちが夢とか言い間違えとか、精神病の症状として表面に現れてくるとラカンは言います。精神病が深刻な意味にとりつかれ、付きまとわれる病だということの例で、ラカンはエメという女性の症例を取り上げます。

　このエメという女性は被害妄想にとらわれて、女優Zを傷つけてしまった人です。このエメはいわば自分と他人の区別がつかなくなっていました。彼女は日頃から、自分のことをわがままでふしだらだと薄々感じていました。けれども彼女は育ちが良すぎたせいか、自分のわがままやふしだらさを直視することができませんでした。そこでエメは自分がわがままでふしだらだと認める代わりに、「この世界はわがままでふしだらだ」と考えるようになります。そして、わがままでふしだらな世界のシンボルとして、スキャンダラスな女優Zを選び出しました。今度はこの世界がわがままでふしだらなのは女優Zのせいだと思い込みます。エメはわがままでふしだらな自分を罰する代わりに、女優Zを傷つけてしまいました。

　ラカンの見方からすると、エメという女性の心の中に「わがままでふしだら」というシニフィアンが深く刻まれています。そして「わがままでふしだら」というシニフィアンの主語が抜け落ちてしまって、「わがままでふしだら」というシニフィアンが独り歩きを始めたのです。

　こんなふうに人に執拗に付きまとうシニフィアンが独り歩きをしていろんなものに結びついてしまいます。これが、被害妄想や、反復強迫や偏執狂みたいな形で現れて

きます。精神病は強迫的なシニフィアンにとりつかれて、意識のコントロールが利かなくなって、シニフィアンが独り歩きする病です。精神分析医は一見「たわごと」のように思える無意味な言葉に耳を傾けて、その言葉の中に隠された無意識の文脈を浮かび上がらせる、言い換えれば隠されたシニフィアンの繋がりを読み解いて行くことが必要だとラカンは考えます。

自分の意のままにならないシニフィアンが独り歩きするという意味で無意識とは自分ならぬもののおしゃべりであり、無意識は個々人を越えた大文字の他者（言わせるもの）の語らいであるとラカンは言い、無意識はランガージュ（言語活動）として網目のように構造化されているとラカンは考えていました。ラカンはシニフィアン、シニフィエ、ランガージュなど今では記号論として知られる構造言語学の考えを応用してフロイトの精神分析を読み換えました。ラカンは構造主義的な思想家の一人と位置づけられています。

それぞれの時代を暗に規定する知の枠組みの変遷を知る

Michel Foucault
フーコー（*1926–1984*）

歴史家で哲学者のミシェル・フーコーは狂気や同性愛の側に立って社会の中の目に見えない権力の、排除のメカニズムを露わにしようとした人です。彼は歴史を読むときに考古学のやり方で読むのだと言います。まず、この考古学というのは歴史のなかのずれを捉えるということです。例えばルネッサンスと古典主義時代の間には物事の捉え方に大きな断層が、ずれがあるということです。同じように狂気という言葉を使っていても、ルネッサンスの場合には狂気は社会から締め出されることはなかったのです。けれどもルネッサンスが終わり、古典主義に移行するときに書かれたドン・キホーテではすでに狂気は自らを笑いながら文学作品に閉じこもるしかありませんでした。ここには決定的なずれが、歴史の断層があります。フーコーは考古学者が地層のずれを観察するように、このような歴史の断層を見逃さずに捉えようとしました。

具体的にはまず書かれた言葉に注目しました。人が何かを語ったり書いたりするときに、その時代特有の言い回しがあります。人が何かを言うときにはここまでは言っていいけれど、そこから先は言ってはいけないという決まりごとに従って話しています。言っていいことや使える言葉の範囲は限られています。この言ってもいい範囲をはみ出してしまうと、まともではない奴《やつ》ということになります。理性的な人はこの許されている範囲でやりくりして言葉を語るしかありません。その意味で人は自分が暮らしている時代特有の言葉のエコノミーに従って喋っているわけです。例えばルネッサンスから古典主義時代に移行するときには、まずこの言葉のエコノミーが変化します。何が言えて何が言えないかを暗黙のうちに決めているルールが移り変わるわけです。言葉の背後には時代特有の方向づけや狙いが潜んでいます。このある時代を特徴づけている、人を暗黙のうちに従わせているパラダイムのことを、フーコーはエピステーメーというふうに呼びます。

エピステーメー

エピステーメー、暗黙の思考様式は分野を越えて強制力を持っています。詩の言葉も医学の言葉も、科学の言葉も哲学の言葉も、分野を越えてその時代特有のエピステーメー、物事の捉え方に縛られています。分野を越えてその時代特有の頭のなかの地図の描き方が決められています。フーコーはそのような頭のなかの地図の描き方が移り変わってゆく瞬間を記述しようとします。歴史のなかの言葉の言い回しの変化を嗅ぎ分けて、言葉の背後にある力関係の移り変わりを読み解いて行くのが彼の考古学のやり方です。この作業を行うために、詩の言葉も科学の言葉も、コメディの言葉も役所の言葉も、それぞれの文脈から切り離して、同列に置いて、横に並べます。ある時代の言葉が分野を越えてどういう規則に従っているかを浮かび上がらせます。フーコーはある時代のエピステーメーを探るためにテクストを横断しました。そうやってルネッサンスならルネッサンスのエピステーメーを浮き彫りにしたあとで、それが古典主義のエピステーメーに取って代わられる瞬間の決定的なずれを描き出そうとしました。

フーコーはこのようなやり方で制度や経済に制約された言葉のあり方の歴史を描き出そうとしました。言葉の背後にあって、言葉を支えている様々な力関係のせめぎ合いを読み取ろうとしました。歴史を力関係の戦いだと考えたのはニーチェの影響が強いのです。資料の言葉のずれを読み解くというフーコーの考古学はニーチェの思想の系譜学の影響が見て取れます。『言葉と物』でフーコーはルネッサンスから現代にいたるエピステーメーの移り変わりを辿ろうとします。つまり人々の頭のなかの物事を捉えるときの地図の描き方がどのように変化して現在に至っているのかを浮き彫りにします。その場合、いろんな分野を横切りながら人文科学を中心に話を進めているので「人文科学の考古学」という副題がついています。

ルネッサンスの人々のエピステーメーは、アナロジー（類似）によって物事を捉え

新潮社

るという思考でした。具体的にはマグマを見たときに、マグマは熱くて赤い、同じように人の血も熱くて赤い、それゆえマグマと人の血は互いに深い関係がある、ゆえに溶岩を砕いて飲めば貧血に効く、というように考えるのがアナロジーによって物事を捉えることです。こういう発想は古来あるわけですが、ルネッサンスの場合、溶岩と人間の血の関係を支えているのが神であります。神が溶岩と人の血を対応させて創造したとルネッサンスの人は考えます。同じように月が人間の顔と深い結びつきを持っているとか、トリカブトの種は人間の目玉の形をしていて目の病気に効くと考えます。ルネッサンスの人々にとって自然に存在している物は神が決めた特定の意味を持っていました。全てのものが、神の意志でお互いに結びつき、力を及ぼし合い、お互いを照らしていました。トリカブトの種と人間の目玉は神の意志によってお互いに深く結びついていて、二つの物が似ているのはその結びつきの印なのだと考えていました。

さて一七世紀に入って古典主義の時代になると神によって定められたアナロジーによって物どうしが結びついているというルネッサンスの考え方が、お笑い草になってきます。例えばドン・キホーテは風車を見て怪物を連想することの滑稽さを、身を以って表しています。アナロジーによって全てが結びついていたルネッサンス的な世界は、文学の中の絵空事に過ぎなくなりました。こうして、神によって結びつけられた物どうしの関係を言葉が写し取るという考え方は終わって、古典主義になると言葉は言葉の独自の領域を持つのだと考えられるようになります。言葉の作り出す意味の体系は、物とは関係なく成り立っていることに気づき始めます。つまり古典主義の時代には記号体系の独自性が意識されます。人は自分たちが恣意的に言葉によって物事を名づけたり、分類したりしているのだと気がつくのです。

フーコーによれば、一六五六年に描かれたベラスケスの「侍女たち」という絵には、こういう古典主義時代の世界観がはっきりと表れています。この絵では画家であるベラスケスが国王と王妃の肖像画を描いている風景が描かれています。王女を中心として、みんながモデルであるはずの王の方を見ています。この絵は構図的に二つの中心があります。ひとつは王女の顔、もうひとつは鏡に映った国王夫妻です。けれどもすべてが絵の外にある王を向いている以上、この絵のほんとうの中心は絵の外にいる王の場所だと言うことができます。そうは言っても中心であるはずの王は絵の中に居ません。つまりこの絵は鏡に映った王の姿という王の代理を絵の中に取り込んで、絵の内側で閉じられた記号の体系を作り出しています。ここでは絵という記号体系は絵の内側で完結し、閉じられていて、王は絵の外側でそれを見守っています。神や王が記号体系から締め出されて記号体系が自立性を持っているのです。これこそが古典主義時代のエピステーメーなのだとフーコーは言います。

古典主義時代に大いに流行した博物学もまた、自然を人が言葉によって名づけ、分類して、閉じられた記号体系を作ります。人はこのようにして分類され、レッテルを貼られ、名づけられたものを外から眺めて喜びます。このように一七世紀に始まる古典主義の時代にはうわべで物事を分類する、カタログ的な知性で物事を捉えていまし

ベラスケス「侍女たち」 プラド美術館

た。そこでは博物学や文法学のように深みを持たない印の秩序こそが、学問の関心ごとになっていました。

一八世紀末のマルキ・ド・サドの悪徳小説は、このような古典主義時代の知性の断末魔の叫びだと言えます。サドは人間の欲望が作り出す悪徳の一覧表を描き、悪徳のカタログ作りに熱中します。サドのようなタイプの遊び人は、欲望を惜しみなく注ぎ込んで悪のカタログをどこまでも膨らませてゆきます。そうして自分の欲望が悪のカタログとして作られてゆくのを眺めて楽しみます。このような一八世紀末のサドの文学は、絶滅に瀕《ひん》した最後の古典主義者の足掻きだと言えます。こうして古典主義は終わりを告げます。

一九世紀になって本格的な近代が始まります。近代とは首尾一貫した主体としての人間という考えが力を持った時代です。近代に入ると人々は、生命としての、そして労働するものとしての、言葉を話すものとしての人間がどのような歴史を辿り、どのような深みを持って現在に至っているかということに関心を注ぎます。もはや古典主義時代のように表面的な印の世界では人々は満足しなくなります。

学問は博物学から生物学へ移行します。目に見える形の分類ではなく、生物の内側で働いているものが問題となります。言葉の研究も文法学に代わって、言葉の発生論が中心となります。発生論は分類ではなくて言葉の変化を問題にします。近代に入ると表面的な記号の分類に代わって物事の歴史的変化や内的な深みや具体的な機能が問題になります。生命としての労働者の言葉を話す主体としての人間の歴史や内面が関心ごとになるのです。

ヨーロッパ近代の主題であった人間とは一貫した言葉でしゃべる理性的主体としての人間です。ここでは狂気や非合理の排除が前提とされています。近代の作り出す理性的主体としての人間ではなく、人間を暗黙のうちに突き動かしている構造について語るという意味でフーコーは構造主義を支持しています。

狂気や同性愛を排除することで成り立っている理性的主体としての人間という考えは放棄されるべきだと、フーコーは考えています。フーコーはそうした視点に立って、『狂気の歴史』という本も書いています。『狂気の歴史』によれば、理性的な人は自分が生きる時代に許された言葉の範囲のなかでやりくりして言葉を語るしかありません。けれども狂気の人はそのような言葉のエコノミーの外側に飛び出してゆきます。フーコーは歴史の中でそのような豊かな狂気が締め出され、監禁されてゆくプロセス、狂気が黙らされてゆくプロセスを辿ろうとします。

フーコーによれば、古典主義とともに、理性によって理性の外側にある者たちの本格的な囲い込みが始まりました。具体的に言うとホームレスや狂気の人や犯罪者を収容施設に閉じ込めて、管理して矯正するようになりました。狂気とは理性の語る言葉の外に落ちてゆく何かのことです。ルネッサンスにはまだ存在していた理性と狂気の対話や交流の可能性は絶たれて、古典主義時代には狂気の囲い込みと排除が制度化してきました。

このように理性にとっての他者の側から歴史を見るという点では一九七五年に書かれた『監獄の誕生』も同じです。フーコーによれば、監獄というシステムは単なる法律違反者を人格破綻者にすり替えてしまいます。監獄は違法行為の償いという建前の

新潮社

もとに、囚人の全人格的な検閲を行おうとします。けれども実はこの監獄というシステムは犯罪者を減らすのに役立ちはせず、犯罪者を集めて人格破綻者の刻印を押したあと、潜在的な犯罪者として社会へ送り返しています。それにもかかわらず監獄が存在しているのは社会にとっての危険な部外者を作り出しておいて刑法を初めとする制度を正当化するためだとフーコーは考えます。

一八世紀末にはパノプティコンと呼ばれる画期的な監視システムが出現します。パノプティコンというのは中心の監視塔から囚人の全室が監視できるように作られた監獄のことです。ここでは囚人は独房によって孤立され、絶えず誰かに見られていることを意識させられます。このシステムのなかで囚人は非行を自分で見張るように強制されます。囚人の心の中にも監視塔が建てられ、権力が内在化してしまうのです。このタイプの抑圧のシステムは同時代の他の領域でも見つかります。

フーコーによれば、一八世紀のブルジョワ社会では教会での性の告白がひじょうに盛んでした。ここでは一人一人の信者が、司祭と一対一の特別な関係に置かれます。信者どうしで性の話をするのは禁じられていて、信者は孤立させられています。ここでは司祭を中心に信者が取り囲んでいます。信者は絶えず司祭に見張られているという意識を持ちます。信者は性の罪を監視され、そのうち性の罪を自分で見張るようになります。一八世紀の教会で広まった性の告白というシステムは、監獄のパノプティコンと同じ構造を持っているとフーコーは指摘します。

その時代特有の権力のかたちが作られていて、人は自分でも知らないうちにそのような権力のかたちに方向づけられているとフーコーは考えます。人の思考を規定して

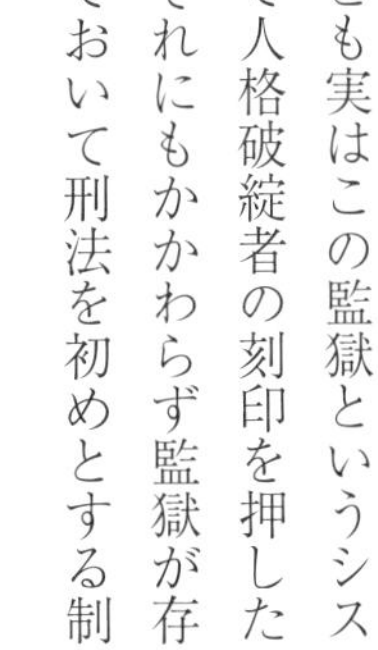

新潮社

パノプティコンという監視システム

いる様式はあらゆる局面に浸透して行きます。ある時代に人が作り出すものにはこうした共通のエピステーメーが見つかるというのがフーコーの考えです。

フーコーは生涯の終わりに『性の歴史』という連作に取り掛かりました。ここで彼は古代ギリシア・ローマの性というものが、どう捉えられ、行われていたかというテーマに取り組みます。とりわけ彼は中世以降の教会が性を監視し、ある型に押し込めようとしていたのに対し、古代ギリシアでは性のモラルは制度としての強制力を持っていなかったことを評価しようとしています。古代ギリシアではモラルは外から押しつけられるのではなく、自由人の贅沢だったとフーコーは言います。

自分を禁欲的にコントロールする技術を身につけるのは義務ではなく趣味として行われていました。度外れの性行為をしないというのは外から強制されるのではなく、美意識の問題でした。自由人は一つの贅沢として、自分自身に配慮し、自分の行為を調整する楽しみを味わっていました。男どうしの性は一人一人が上手に手綱を取ってコントロールしている限り一つの美徳だったのです。成人と少年の恋愛行為は性をうまくコントロールすれば、真理の探究へと方向づけられるものとして肯定的に評価されていました。この辺の事情はプラトンの『パイドロス』篇や『饗宴』篇のなかで詳しく語られています。

フーコーは一人一人が自分の美意識に基づいて性をコントロールし、様式化して暮らしてゆくところに理想の性のあり方を見ていました。権力システムの見えない魔手に敏感だったフーコーが古代ギリシアの同性愛に批判の目が甘いのは少し理想化が過ぎたのでしょうか。その時代特有の目に見えない型が、人を暗黙のうちに規定し、

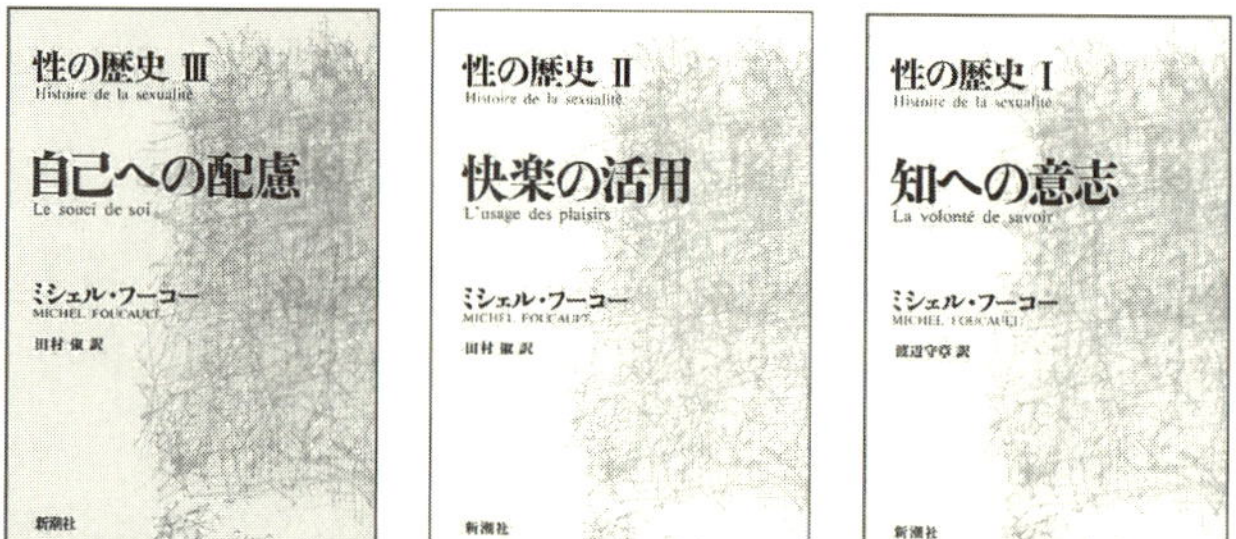

新潮社

管理しているというフーコーの管理社会への批判は、管理社会が加速している現代において、切実な問題です。その意味でフーコーの歴史学、哲学は実効性を持ったものとして現代に問題を提起しています。

確固たる同一性の言葉からすり抜けてゆく文字のたわむれ

ジャック・デリダは『エクリチュールと差異』などで知られ、脱構築の提唱者として有名です。脱構築とは中心をずらして転覆させること、読み方を変えて考え直させることを指しています。具体的に言えば、哲学を読むときに、哲学のレトリックを問題にすることなどがこれに当たります。哲学を読むときに、注意深く書かれたものの比喩や言い回しを問題にするのです。

それからデリダは哲学では音声中心主義が支配していると言います。これは哲学者には自分の言葉が書かれたものであるという意識が薄いことを指しています。音声優位に対してデリダはエクリチュール（書かれたもの）の重視を掲げます。

哲学を、哲学的でない部分で読み、その言い回しの特徴をとらえて意図せざる含意を浮き上がらせることを試みます。哲学のロゴス中心主義、定義された言葉の同一性を優位とする姿勢に対して、絶えず姿を変えて、定義をすり抜けてしまう、遊戯的な、たわむれとしてのエクリチュールを擁護することがデリダの思想の中核をなします。

音声中心主義批判、ロゴス中心主義批判、言葉の意味の直接的な現前が可能だということへの信仰に対する批判、言葉は意味の痕跡を刻む記号の差異化である差延に

Jacques Derrida
デリダ（*1930–2004*）

『エクリチュールと差異』

脱構築

叢書・ウニベルシタス／法政大学出版局

よって成り立つという主張、差異的で遊戯的なエクリチュールの擁護といった論点で多様な哲学を読み直し、そのレトリックから意図せざる含意を浮かび上がらせ、哲学の再考を迫るのがデリダの読み直しの方法です。

定住の思い込みから抜け出して遊牧的な分裂を生きよ

哲学者ジル・ドゥルーズと精神科医フェリックス・ガタリ（以下ドゥルーズ＝ガタリ）の『アンチ・オイディプス』は新しい思考モデルを乱発します。ドゥルーズ＝ガタリは人間と自然の活動全てを諸機械の作用としてとらえてみようとします。欲望する諸機械の接合と切断の営みとして世界をとらえてみよう。乳を流れさせる乳房機械とそれを切断する赤ん坊の口唇機械があり、眼球機械と風景機械があるというふうに、全てを諸機械の作用と連結と切断ととらえてみようと言います。このモデルとして分裂症者の散歩が提示されます。全てが断片化し、欲望する諸機械の作用と化しています。

父・母・子の抑圧モデルであるエディプス・コンプレックスの支配から逃れているのが分裂症者という生存様式です。どうしてエディプス・コンプレックスの支配に屈しなければならないのか、とドゥルーズ＝ガタリは疑問を投げかけます。

さらにドゥルーズ＝ガタリは器官なき身体という思考モデルを提示します。器官なき身体とは部分が全体に奉仕しない、多様体の麻痺状態です。器官なき身体は死の本能の究極の姿であり、反生産であり、生産的世界に突如現れます。器官なき身体は制度の終わりに垣間見える全面的崩壊の極限状態です。高度資本主義は器官なき身体の

Gilles Deleuze
ドゥルーズ（*1925–1995*）
Félix Guattari
ガタリ（*1930–1992*）

エディプス・コンプレックス

器官なき身体

状況下で、すなわち欲望の多様体の麻痺状態で、脱領土化した主体としての分裂者を絶えず作り出すとドゥルーズ＝ガタリは言います。これが現代社会をとらえる新しいモデルです。

分裂者の自己肯定

ドゥルーズ＝ガタリはエディプス・コンプレックスとは精神分析が作り出した帝国主義的な抑圧のシステムだと言います。エディプス・コンプレックスとそれが押しつぶし抑圧している欲望的生産活動との関係が問題だと言います。精神分析は分裂者をエディプス・コンプレックスの秩序の中に連れ戻そうとします。そうではなくてエディプスの呪縛を吹き飛ばし、敢えて自ら分裂症化し、至るところで欲望的生産活動の力をふたたび見出すことが重要なのではないかと彼らは問います。自らが抑圧していた欲望をみとめる分裂者の自己肯定が閉塞状態からの突破口となるとドゥルーズ＝ガタリは言います。

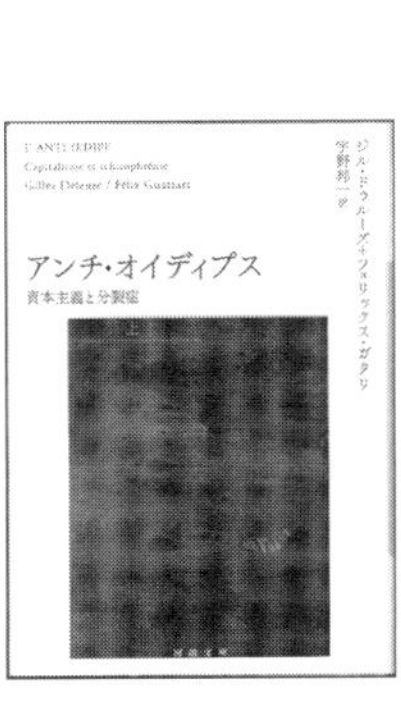

河出文庫

ドゥルーズ＝ガタリは野生時代の社会システムは土地的・社会的機械だと言い、その社会的な受け皿とは土地のことだと言います。地形や風土のもとに物や霊魂と親族関係の交点としての人が属し、暮らしています。続いて専制君主の身体を頂点とする野蛮社会に移行します。すべてがオイディプス的な君主の名のもとに行われ、君主の声としての制度や組織が土地社会を占領します。君主はそれまでの決まりを超コード化（法規化）し、官僚化して利潤を横取りします。続く資本主義は欲望を脱コード化（たがを外すこと）して自由に流れさせようとします。資本主義は欲望の流れの高揚する点を求めて移転し、成長を続けてゆきます。

スキゾ分析

これらの歴史分析を経て、ドゥルーズ＝ガタリはスキゾ分析（分裂状分析）という新しい方法を提案します。精神分析はエディプス・コンプレックスというパラノイア（偏執狂）的精神構造をモデルとした抑圧装置でした。それに対してスキゾフレニア（分裂症）は行き当たりばったりで行動し、逃走します。パラノイアは巨大化を組織し、スキゾフレニアは細分化して目を眩ませます。

パラノイア的な精神分析に対して、スキゾ分析というものがあり得るのではないかとドゥルーズ＝ガタリは言います。スキゾ分析は欲望とは機械状であり、絶えず他の機械と接合し、切断し、生産を続けるものだと考えたらどうかと提案します。無意識がエディプスを信じ、去勢される恐怖を信じ、父の背後の掟を信じる……と言うようなパラノイア的な信仰を捨て去ろうというのです。

フロイトの精神分析は一九世紀的な父権主義と連動しています。スキゾ分析はエディプスを、自我の錯覚を、超自我（内面化された父の掟）の操り人形を、罪悪感を、法を、去勢を破壊せよと宣言します。

スキゾ分析は脱領土化した回路を散歩する分裂者を肯定します。スキゾ分析の戦略は狂気を心の病にしてしまうあらゆる再領土化を破壊することと、欲望の流れを脱領土化する分裂状の運動を解放して、労働、欲望、生産、認識、創造の流れの最も根本的な傾向に浸透させることです。高度資本主義は脱コード化し、脱領域化するもろもろの流れを形成します。欲望の流れを社会へ開放する脱領域化、脱コード化としての分裂者の生産プロセスを、資本主義を内部から引き裂く動きとして見届けることがスキゾ分析の行き着く先です。

欲望する機械の思考モデル、部分が全体に奉仕しない、融合した多様体としての器官なき身体という思考モデル、定住しないで遊牧的に逃げる生き方、縁へ縁へと逃げ続ける型、パラノイア的定住や領土化への反対としての分裂症的行き当たりばったりの自己展開の勧め、エディプス・コンプレックスの支配する精神分析に対して、自由奔放に逃走するスキゾ分析的思考の勧めなどドゥルーズ＝ガタリの哲学には独自の数多くのこれからの生き方の勧めが充満していて、根本には欲望の肯定、分裂の肯定、定住からの逃走が提案されています。

＊参考文献

1. 哲学史全般

生松敬三、木田元、伊東俊太郎、岩田靖夫編『概念と歴史がわかる西洋哲学小事典』（筑摩書房 2011）
日下部吉信『西洋古代哲学史』（昭和堂 1981）
クラウス・リーゼンフーバー『西洋古代・中世哲学史』矢玉俊彦訳（平凡社 2000）
杖下隆英、増永洋三、渡辺二郎編『テキストブック西洋哲学史』（有斐閣 1984）
野田又夫『西洋哲学史　ルネサンスから現代まで』（ミネルヴァ書房 1965）
伊藤博明『ルネサンスの神秘思想』（講談社 2012）
量義治『西洋近世哲学史』（講談社 2005）
岡本裕一朗『フランス現代思想史』（中央公論新社 2015）

2. 個々の哲学者の解説書

今道友信『アリストテレス』（人類の知的遺産8　講談社 1980）
池田敏雄『聖ベルナルド』（サンパウロ社 1999）
上田閑照『マイスター・エックハルト』（人類の知的遺産21　講談社 1983）
小川圭治『キルケゴール』（人類の知的遺産48　講談社 1979）
市川浩『ベルクソン』（人類の知的遺産59　講談社 1983）
W・ビーメル『ハイデガー』茅野良男監訳、山本幾生、柴嵜雅子、田辺正彰訳（理想社 1986）
新井恵雄『ハイデッガー』（人と思想35　清水書院 1970）
ビチェ・ベンヴェヌート、ロジャー・ケネディ『ラカンの仕事』小出浩之、若園明彦訳（青土

社 1994）
内田隆三『ミシェル・フーコー――主体の系譜学』（講談社 1990）
クリストファー・ノリス『デリダ――もう一つの西洋哲学史』富山太佳夫、篠崎実訳（岩波書店 1995）

3. 哲学者の著作

山本光雄訳編『初期ギリシア哲学者断片集』（岩波書店 1958）
日下部吉信訳『初期ギリシア自然哲学者断片集』1～3（筑摩書房 2000）
プラトン『ソクラテスの弁明』田中美知太郎訳、『パイドン』松永雄二訳（プラトン全集1 岩波書店 1975）
プラトン『饗宴』鈴木照雄訳、『パイドロス』藤沢令夫訳（プラトン全集5 岩波書店 1974）
プラトン『国家』藤沢令夫訳（プラトン全集11 岩波書店 1976）
アリストテレス『形而上学』川田殖、松永雄二訳（世界の名著8 中央公論社 1972）
プロティノス『三つの原理的なものについて』田中美知太郎訳（世界の名著 続2 中央公論社 1976）
アウグスティヌス『告白』山田晶訳（世界の名著14 中央公論社 1968）
聖ベルナルド『聖母の歌手』山下房三郎訳（あかし書房 1988）
トマス・アクィナス『神学大全』山田晶抄訳（世界の名著 続5 中央公論社 1975）
ニコラウス・クザーヌス『学識ある無知について』山田桂三訳（平凡社 1994）
ホッブズ『リヴァイアサン』永井道雄、宗片邦義訳（世界の名著23 中央公論社 1971）
ロック『人間知性論』大槻春彦訳（世界の名著27 中央公論社 1968）
ヒューム『人性論』土岐邦夫訳（世界の名著27 中央公論社 1968）

バークリ『人知原理論』大槻春彦訳（岩波書店 1958）
デカルト『方法序説』野田又夫訳、『省察』井上庄七、森啓訳（世界の名著22 中央公論社 1967）
スピノザ『エティカ』工藤喜作、斎藤博訳（世界の名著25 中央公論社 1969）
ライプニッツ『モナドロジー』清水富雄、竹田篤司訳（世界の名著25 中央公論社 1969）
カント『純粋理性批判』上中下 篠田英雄訳（岩波書店 1961-1962）
ヘーゲル『精神現象学』上下 樫山欽四郎訳（平凡社 1997）
キルケゴール『哲学的断片』杉山好訳、『不安の概念』田淵義三郎訳、『現代の批判』桝田啓三郎訳、『死に至る病』桝田啓三郎訳（世界の名著40 中央公論社 1966）
ショーペンハウアー『意志と表象としての世界』西尾幹二訳（世界の名著 続10 中央公論社 1975）
ニーチェ『ツァラトゥストラ』手塚富雄訳、『悲劇の誕生』西尾幹二訳（世界の名著46 中央公論社 1966）
ニーチェ『善悪の彼岸』竹山道雄訳（新潮社 1954）
ニーチェ『道徳の系譜』木場深定訳（岩波書店 1964）
ベルクソン『哲学的直観』三輪正訳、『意識と生命』池辺義教訳、『道徳と宗教の二つの源泉』森口美都男訳（世界の名著53 中央公論社 1969）
ベルクソン『創造的進化』真方敬道訳（岩波書店 1979）
ラッセル『外部世界はいかにして知られうるか』石本新訳（世界の名著58 中央公論社 1971）
ウィトゲンシュタイン『論理哲学論（論考）』山元一郎訳（世界の名著58 中央公論社 1971）
ラッセル『論理的原子論の哲学』高村夏輝訳（筑摩書房 2007）

ウィトゲンシュタイン『哲学探究』藤本隆志訳（ウィトゲンシュタイン全集８　大修館書店 1976）
ブレンターノ『道徳的認識の源泉について』水地宗明訳（世界の名著51　中央公論社 1970）
フッサール『厳密な学としての哲学』小池稔訳（世界の名著51　中央公論社 1970）
フッサール『ブリタニカ草稿──現象学の核心』谷徹訳（筑摩書房 2004）
ヤスパース『哲学』抄　小倉志祥、林田新二、渡辺二郎訳（世界の名著　続13　中央公論社 1975）
ハイデガー『存在と時間』原佑、渡辺二郎訳（世界の名著62　中央公論社 1971）
ハイデッガー『真理の本質について』木場深定訳（ハイデッガー選集11　理想社 1961）
サルトル『存在と無』抄　松浪信三郎訳、『存在と無の全容』松浪信三郎要約（世界の大思想29
サルトル　河出書房新社 1965）
メルロ＝ポンティ『知覚の現象学』中島盛夫訳（法政大学出版局 1982）
レヴィ＝ストロース『悲しき熱帯』１・２　川田順造訳（中央公論新社 2001）
レヴィ＝ストロース『野生の思考』大橋保夫訳（みすず書房 1976）
レヴィ＝ストロース『神話と意味』大橋保夫訳（みすず書房 1996）
バルト『零度のエクリチュール』渡辺淳、沢村昂一訳（みすず書房 1971）
バルト『神話作用』篠沢秀夫訳（現代思潮社 1967）
バルト『物語の構造分析』花輪光訳（みすず書房 1979）
バルト『テクストの快楽』沢崎浩平訳（みすず書房 1977）
バルト『明るい部屋──写真についての覚書』花輪光訳（みすず書房 1985）
ラカン『エクリ』１　宮本忠雄、竹内迪也、高橋徹、佐々木孝次訳（弘文堂 1972）

ラカン『エクリ』2　佐々木孝次、三好暁光、早水洋太郎訳（弘文堂 1977）
ラカン『二人であることの病い』宮本忠雄、関忠盛訳（講談社 2011）
ラカン『家族複合』宮本忠雄、関忠盛訳（哲学書房 1986）
フーコー『言葉と物──人文科学の考古学』渡辺一民、佐々木明訳（新潮社 1974）
フーコー『狂気の歴史──古典主義時代における』田村俶訳（新潮社 1975）
フーコー『監獄の誕生──監視と処罰』田村俶訳（新潮社 1977）
フーコー『性の歴史Ⅰ 知への意志』渡辺守章訳（新潮社 1986）
フーコー『性の歴史Ⅱ 快楽の活用』田村俶訳（新潮社 1986）
フーコー『性の歴史Ⅲ 自己への配慮』田村俶訳（新潮社 1987）
デリダ『エクリチュールと差異』合田正人、谷口博史訳（法政大学出版局 2013）
デリダ『散種』藤本一勇、立花史、郷原佳以訳（法政大学出版局 2013）
ドゥルーズ＝ガタリ『アンチ・オイディプス──資本主義と分裂症』上下　宇野邦一訳（河出書房新社 2006）

あとがき

本書で私たちは西洋哲学史の流れを、短歌を案内役として概観し終えた。

このような本を書こうと思ったのは、哲学に慣れていないふつうの人でも気楽に手に取って通読できる、しかも学説の醍醐味に踏み込んだ、本格的な哲学史の入門書が少ないと日頃から物足りなさを感じていたからだ。また日本人には親しみのある、リズミカルな短歌で学説を要約しながら読み進めることで、哲学史に近づきやすくなるのではないかと考えた。私の中では哲学と短歌の二つは割と違和感なく結びついた。私は元々哲学科の学生だったし、愛読した寺山修司の影響で若い頃短歌を量産していた。けれども大人になって年月が経つと短歌を書くのを辞めてしまった。ネットの時代になり、ブログを書くようになると、文章の最後に短歌を一行書いて全体をまとめる習慣ができた。若い頃書いていた短歌が、人生の半ばを過ぎて再び親しいものとなったのだ。

本書を書き始める時点では、膨大な量の学説にたじろいでいたが、いざ書いてみると哲学史の交通整理がある程度できて、大まかな流れを一望できる見晴らしのよさに達した感がある。私個人としてはギリシア哲学ではピュタゴラスやエンペドクレスのような秘教的な哲学者に関心を持ち、キリスト教神学ではディオニュシウス・アレオパギタのような瞑想の系譜に魅かれるものがあった。

古代哲学や中世神学は、現代に生きる私たちには縁遠く感じられる。けれども西洋の淵源として、そのような系譜が根底にあることに触れただけで、広く学問の理解に資するものがあるように思う。

現代になると、人類学や精神分析や文学批評に歴史学など、分野を横断した思想家が哲学史の中で存在感を増してくる。そうした人々の思想を哲学史の中で正当に位置づける必要性は本書である程度充たされたのではないかと考える。

特殊な専門用語を自分の言葉に置き換えることの難しさ、哲学特有の思考の段取りの手強さを思い知らされたと同時に、数々の学説のロジックの妙を読者と共有できた喜びがある。哲学の学説は一行でまとめてみると、非常に凝縮されてエッセンスが伝わるのではないかと思う。短歌の力、詩というものの持っている力を改めて感じている。

このようなコンパクトな学説史にするために、古代ローマの文人や、パスカルやルソーなど、大きな学説を唱えなかった随筆家的な哲学者は割愛した。またマルクスの政治経済の哲学やフロイトの精神分析学、ソシュールの言語学など、哲学としては傍流の思想に話が及ばなかった部分がある。哲学者の生涯や人間的なエピソードも魅力的なのだが、思い切ってはぶいた。別の機会があれば考えてみたい。

この本を書く際には哲学者本人の著作だけでなく、多くの哲学史の本、哲学者の解説書のお世話になった。それらの参考文献の多大な力を借りなければ、この本がとても成立しなかったことを思うと、参考文献に関わった先人の方々への感謝の念に堪えない。

本書の原稿をホームページ「宇波彰現代哲学研究所」にアップすることを寛大にも許して頂いた宇波彰先生、本書の編集を引き受けて頂いた石塚純一さん、田畑書店社長の大槻慎二さん、同編集部の今須慎治さん、ＤＴＰを担当して頂いた近藤道彦さんその他の方々に、謝意を表したい。

山口拓夢

二〇一六年一〇月

短歌で読む哲学史

2017年1月15日　第1刷　印刷
2017年1月20日　第1刷　発行

著　者　　山口拓夢《たくむ》

発行人　　大槻慎二
発行所　株式会社　田畑書店
〒102-0074　東京都千代田区九段南 3-2-2 森ビル5階
tel 03-6272-5718　fax 03-3261-2263
e-mail : info@tabatashoten.co.jp
hp : www.tabatashoten.co.jp

装　幀　　真田幸治

印刷・製本　シナノ書籍印刷株式会社

Printed in Japan
ISBN978-4-8038-0340-2　C0095